3.-4. Schuljahr

Stefan Lamm

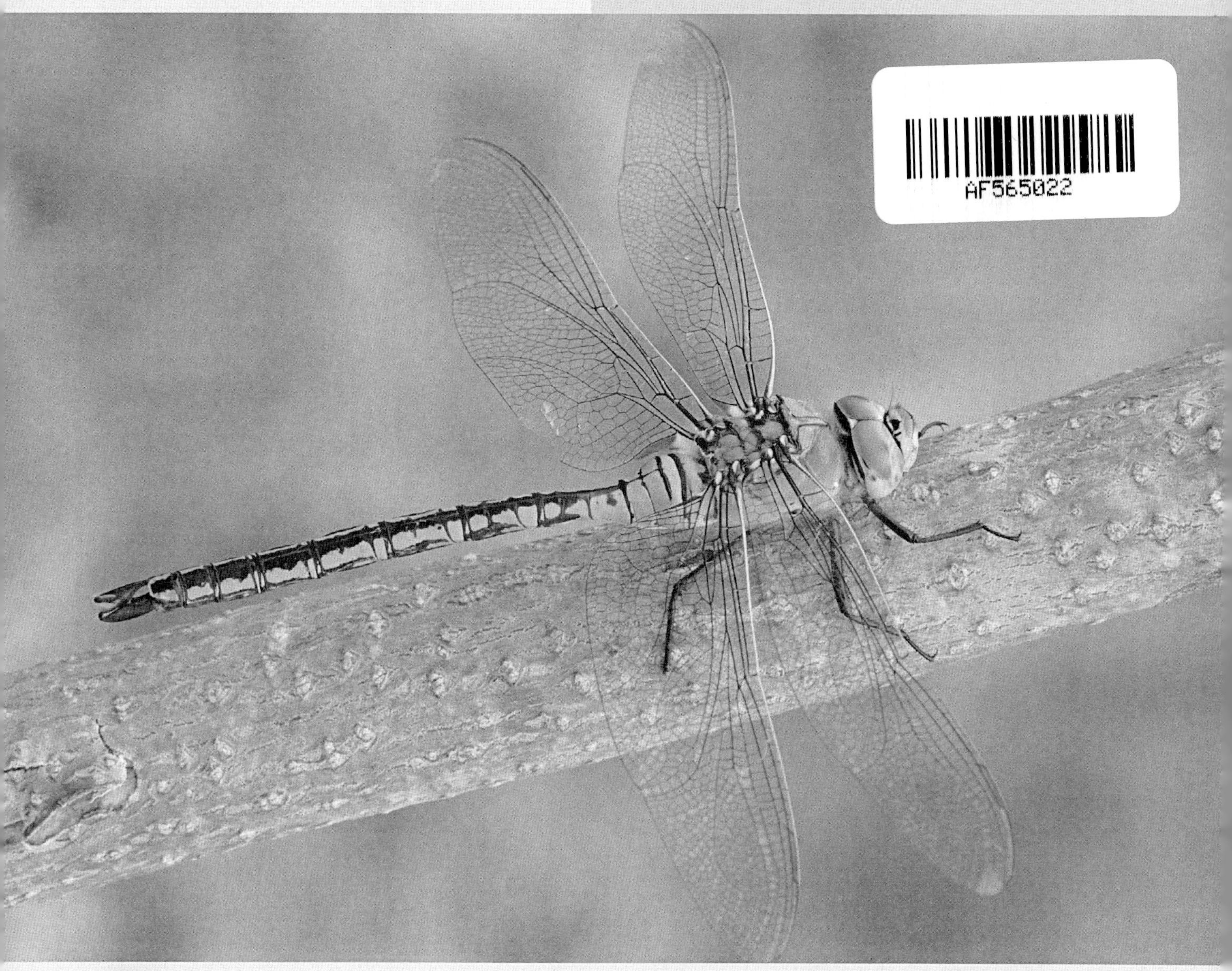

Lernwerkstatt

Libellen

Insektenwissen für kleine Naturforscher

www.kohlverlag.de

Lernwerkstatt Libellen

Insektenwissen für kleine Naturforscher

1. Auflage 2024

Inhalt: Dipl.-Biol. Stefan Lamm
Umschlagbild: © Iliuta – AdobeStock.com
Redaktion: Kohl-Verlag
Grafik & Satz: Kohl-Verlag
Druck: Druckhaus Flock, Köln

Bestell-Nr. 13 148

ISBN: 978-3-98841-210-2

Bildquellen: © AdobeStock.com:
S. 2: Africa Studio; S. 3-40: Prikhohko; S. 3-34: ronnarid; S. 5: IGOR; S. 6: Liliya, Tolo; S. 7: blueringmedia; S. 8: Pedro Suarez; S. 10: Iliuta; S. 11: anna-spoka; S. 12: Vitaly Ilyasov; S. 13: Инна Федорова; S. 14/36: 54 Design; S. 15: vitaga; S. 17: Dwi; S. 18/37: fir4ik; S. 19: Schmutzler-Schaub, rodnikovay; S. 20: Thorster Schier, bietau, Schmutzler-Schaub, mauvries, Aastels, gebut; S. 21: Mark Hunter, digitalfoto105; S. 22: VOLODYMYR KUCHERENKO; S. 23: K.D.; S. 24: Henk, sundodger, blueringmedia; S. 25: 54 Design; S. 26: akolov; S. 28: a.yaskova, Joana Juhé lajú; S. 30: andri_priyadi; S. 31: Art N More, tigatelu; S. 32: Joanna Redesiuk; S. 33: Алевтина Денисова; S. 34: Igor Zakowski, Katikam; S. 37: rodnikovay; S. 39: blueringmedia

Inhalt

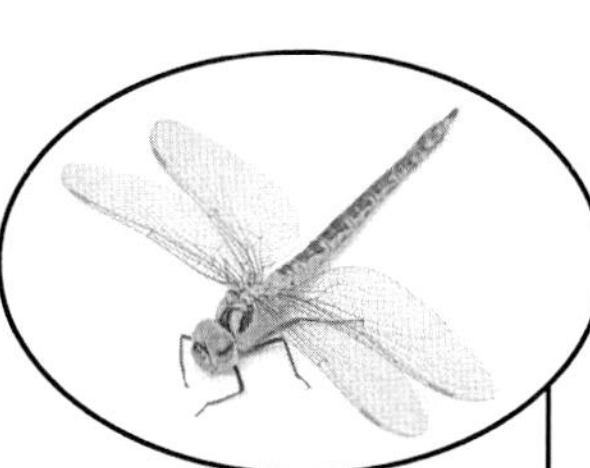

Hinweis zum Coverbild:
Zu sehen ist eine männliche Imago der Großen Königslibelle *(Anax imperator)*.

Bedeutung der Symbole:

 Einzelarbeit

 Partnerarbeit

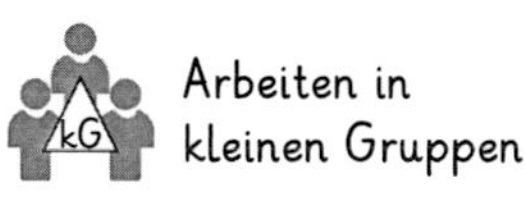 Arbeiten in kleinen Gruppen

 Arbeiten mit der ganzen Gruppe

Lernwerkstatt Libellen
Insektenwissen für kleine Naturforscher – Bestell-Nr. 13 148
KOHL VERLAG

Vorwort

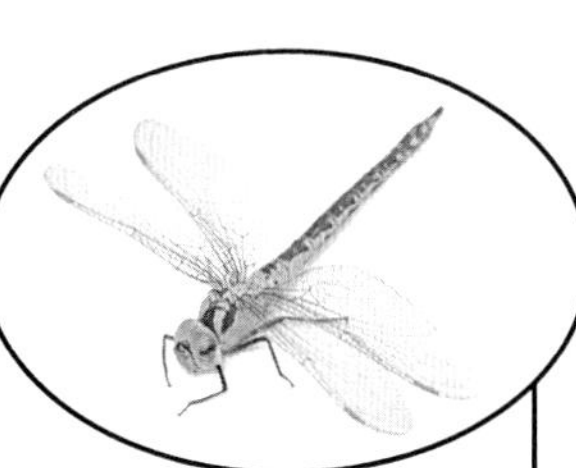

Liebe Lehrerinnen und Lehrer,

mit der „Lernwerkstatt Libellen" möchte ich Ihnen ein praxisnahes und anschauliches Unterrichtsmaterial an die Hand geben, das Grundschulkindern die faszinierende Welt der Libellen näherbringt. Die Vielfalt der Biologie ist ein unglaublicher Schatz, den es gerade in den Grundschuljahren zu entdecken gilt. Libellen, diese urtümlichen und zugleich hochentwickelten Insekten, bieten dafür eine wunderbare Möglichkeit. Sie können den Kindern nicht nur die Wunder der Natur nahebringen, sondern auch ihre Neugier wecken und ihr Verständnis für ökologische Zusammenhänge fördern.

Im Mittelpunkt der Lernwerkstatt steht die Sensibilisierung der Kinder für die ökologischen Zusammenhänge in unserer Umgebung. Libellen, oft übersehen oder missverstanden, sind beeindruckende Jäger und wahre Flugkünstler. Durch die altersgerechten und abwechslungsreichen Aufgaben lernen die Kinder Vorurteile abzubauen, wie etwa die Vorstellung von Libellen als „Teufelsnadeln" oder „Augenbohrer". Stattdessen soll Respekt vor Tieren und Pflanzen, sowie ein verantwortungsvoller Umgang mit der Natur gefördert werden.

Ein weiterer wichtiger Aspekt ist der Schutz unserer Umwelt. Das Insektensterben ist eine ernste Bedrohung für die biologische Vielfalt und damit auch für unsere Zukunft. Durch die Auseinandersetzung mit dem Lebensraum und der Lebensweise der Libellen sollen die Schülerinnen und Schüler verstehen, wie wichtig es ist, diese und andere Arten zu schützen. Die Kapitel des Buches sind dabei so gestaltet, dass sie nicht nur Wissen vermitteln, sondern auch Begeisterung wecken und das selbstständige Arbeiten fördern.

Die „Lernwerkstatt Libellen" enthält viele praktische Aufgaben, von Exkursionen über kreative Zeichenaufgaben bis hin zu systematischen Erkundungen. Die Lösungsvorschläge unterstützen Sie dabei, den Unterricht effektiv zu gestalten und die Inhalte gezielt zu vertiefen.

Wir wünschen Ihnen und Ihren Schülerinnen und Schülern viel Freude beim Entdecken der Libellenwelt und hoffen, dass diese Lernwerkstatt dazu beiträgt, die Kinder für die Schönheit und Bedeutung der Natur zu begeistern und sie für einen achtsamen Umgang mit unserer Umwelt zu sensibilisieren.

Das Team des Kohl-Verlags und

Stefan Lamm

1. Älter als die Dinos

Libellen sind faszinierende Insekten, die man oft an Teichen, Flüssen oder Seen beobachten kann. Mit ihren langen, schlanken Körpern und den großen, durchsichtigen Flügeln sehen sie aus wie kleine Flugzeuge. Doch wusstest du, dass Libellen schon viel länger auf der Erde leben als die Dinosaurier? Vor über 300 Millionen Jahren gab es schon Libellen, die damals noch viel größer waren als die, die wir heute kennen. Als der berühmte Tyrannosaurus rex, auch T-rex genannt, vor ca. 68 Mio. Jahren auf der Erde auftauchte, da gab es bereits seit über 200 Mio. Jahren Libellen auf der Erde. Im Gegensatz zum T-rex leben Libellen auch heute noch auf unserem Planeten. Sie sind echte Überlebenskünstler.

Aufgabe 1: EA *Wie können wir heutzutage wissen, dass Libellen bereits seit über 300 Millionen Jahren die Erde bevölkern? Löse den Lückentext und du erfährst mehr zum Thema **Bernstein-Einschlüsse**.*

Einschluss eines Insekts in Bernstein

Ein **Bernstein-Einschluss** ist ein ganz besonderes Fossil. Bernstein ist ein harter, gelber Stein, der aus ____________________ entstanden ist. Vor langer Zeit floss das Harz eines Baumes über kleine Tiere oder ______________________________ und schloss sie ein. Mit der Zeit wurde das Harz ________________ und verwandelte sich in Bernstein. Die Tiere oder Pflanzen, die darin gefangen waren, sind oft sehr gut ________________. Wenn Forscher so einen Bernstein finden, können sie genau sehen, wie das Tier oder die Pflanze vor Millionen von Jahren ________________.

Diese Begriffe musst du an der richtigen Stelle einsetzen:
aussah • Baumharz • erhalten • hart • Pflanzenteile

KOHL VERLAG Lernwerkstatt Libellen Insektenwissen für kleine Naturforscher – Bestell-Nr. 13 148

1. Älter als die Dinos

300 Millionen Jahre ... das ist eine unvorstellbar lange Zeit. Wissenschaftler haben herausgefunden, dass sich die Erde in einem ständigen Wandel befindet. Vor 300 Millionen Jahren lag der Teil der Landmasse, den wir heute als Deutschland, Österreich oder Schweiz kennen, am Äquator. Es gab nur einen einzigen Kontinent namens Pangaea, der von einem einzigen, riesigen Ozean umgeben war. Auf Pangaea gab es große Wälder mit Farnen, Schachtelhalmen und riesigen Bäumen. Die ersten Landtiere tauchten auf. Eines dieser imposanten Tiere, das damals Pangaea bevölkert hat, nennen Wissenschaftler heute **Meganeura**. Das war eine Urahnin der heutigen Libellen, die mit einer stattlichen Flügelspannweite von 70 cm die größte, jemals auf der Erde lebende Libellenart war. Das Bild verdeutlicht dir die Größe dieser Tiere.

Aufgabe 2: *Wie können wir heutzutage wissen, dass Libellen bereits seit über 300 Millionen Jahren die Erde bevölkern? Löse den Lückentext und du erfährst mehr zum Thema* ***Fossilien****.*

Fossilien sind _______________ oder Abdrücke von Pflanzen und _____________, die vor vielen Millionen Jahren gelebt haben. Diese Überreste wurden im Boden oder in Gestein ____________________ und sind dadurch über eine sehr lange Zeit erhalten geblieben. Zum Beispiel können Knochen von _______________ oder Abdrücke von Blättern in Stein zu Fossilien werden.

Fossile Meganeura

_______________ finden diese Fossilien und lernen so viel über das Leben, das es früher auf der Erde gab.

Diese Begriffe musst du an der richtigen Stelle einsetzen:

Dinosauriern • eingeschlossen • Forscher • Tieren • Überreste

Lernwerkstatt Libellen
KOHL VERLAG

1. Älter als die Dinos

Wir wissen nun, was Fossilien und Bernstein-Einschlüsse sind.
Man kann diese interessanten Entdeckungen in vielen Museen und Ausstellungen auch im Original betrachten. Dennoch müssen wir noch eine Frage klären:

Aufgabe 3: *Betrachtet das Bild und überlegt, wie Wissenschaftler alleine durch den Fund eines Fossils oder* ***Bernstein-Einschlusses*** *das Alter bestimmen können?*

KOHL VERLAG Lernwerkstatt Libellen
Insektenwissen für kleine Naturforscher – Bestell-Nr. 13 148

1. Älter als die Dinos

Bestimmt kennst du Bilder vieler Urzeitlebewesen ... verschiedene Dinosaurier an Land und im Wasser, Bilder riesiger Urzeitwälder mit gigantischen Farnen und anderen Pflanzen? Vielleicht ist bei dir dabei auch schon die Frage aufgekommen, warum die Urzeittiere und Urzeitpflanzen so riesig waren?

Vor ca. 100 Millionen Jahren lebte ein Dino, dem Forcher den Namen **Patagotitan** gaben. Er wog rund 70.000 kg und maß ca. 35 m vom Kopfende bis zur Schwanzspitze. Aktuell gilt der Patagotitan als das größte Landtier, das jemals auf der Erde gelebt hat. Ist dir aufgefallen, dass ein Mensch zwischen den Beinen dieser lebensechten Figur steht?

Diese Tiere sind natürlich längst ausgestorben. Wissenschaftler sind sich sicher, dass sie auch auf der Erde, wie wir sie kennen, nicht mehr überleben könnten.

Aufgabe 4: *Aber warum ist das so? Warum war zu Urzeiten vieles größer, ja gigantischer als heute? Löse den Lückentext und du erfährst die Antwort auf diese spannende Frage. Diese Begriffe musst du an der richtigen Stelle einsetzen:*

21 % • Mondes • Sauerstoff • verlangsamt • Wachstum

Die **Atmosphäre** vor 300 Millionen Jahren hatte mehr ________________ und weniger Kohlendioxid als heute. Der Sauerstoffgehalt lag bei etwa 30–35 %, während er heute bei etwa __________ liegt. Dieser hohe Sauerstoffgehalt ermöglichte das ________________ von sehr großen Insekten und anderen Tieren, weil mehr Sauerstoff zur Verfügung stand, um ihre großen Körper zu versorgen.

Übrigens: Wusstest du, dass vor 300 Millionen Jahren ein Tag kürzer war als heute? Ein Tag dauerte damals etwa 22 Stunden, während er heute 24 Stunden dauert. Das liegt daran, dass sich die Erde stetig ________________. Durch die Gezeitenkräfte des ____________ wird die Erdrotation über Millionen von Jahren hinweg allmählich gebremst. Daher werden die Tage mit der Zeit länger.

2. Libellen in der Natur beobachten – Exkursion

Libellen sind faszinierende Insekten, die man in der freien Natur besonders gut beobachten kann. Doch damit ihr möglichst viele Libellen seht und ihre spannenden Flugkünste erleben könnt, gibt es ein paar Dinge zu beachten:

Wann ist die beste Zeit, um Libellen zu beobachten?

Die beste Zeit, um Libellen in der Natur zu beobachten, ist zwischen Mai und September. In diesen Monaten sind die meisten Libellenarten aktiv, weil es warm genug ist. Besonders gute Chancen habt ihr an sonnigen Tagen, denn Libellen sind dann am liebsten unterwegs. Am Vormittag und frühen Nachmittag, wenn es warm ist, sind die Libellen am aktivsten.

Wo sollte man hingehen?

Libellen findet man am besten in der Nähe von Gewässern wie Teichen, Seen, Flüssen oder Bächen. Sie lieben das Wasser, weil sie dort ihre Eier ablegen und ihre Larven im Wasser leben. An diesen Orten könnt ihr Libellen dabei beobachten, wie sie über das Wasser fliegen, jagen oder sich auf Pflanzen setzen, um sich auszuruhen.

Was muss ich beim Beobachten beachten?

- Ruhig bleiben: Wenn ihr Libellen beobachten wollt, ist es wichtig, leise und ruhig zu bleiben. Libellen sind sehr aufmerksam und fliegen schnell weg, wenn sie sich gestört fühlen.
- Nicht anfassen: Auch wenn Libellen sehr schön aussehen, solltet ihr sie nicht anfassen. Ihre Flügel sind sehr empfindlich, und sie könnten verletzt werden.
- Geduld haben: Manchmal muss man ein bisschen warten, bis man eine Libelle sieht. Seid geduldig und schaut genau hin. Manchmal setzen sich Libellen auf Pflanzen oder Steine am Wasser.
- Nicht zerstören: Achtet darauf, dass ihr die Pflanzen und das Ufer des Gewässers nicht beschädigt. Viele Tiere leben dort und sie sollen nicht gestört werden.

Was darf ich auf keinen Fall tun?

- Nicht laut sein: Lautes Reden oder schnelle Bewegungen können die Libellen erschrecken.
- Keine Libellen fangen: Lasst die Libellen frei fliegen. Sie sollen in ihrer natürlichen Umgebung bleiben und nicht gestört werden.

KOHL VERLAG Lernwerkstatt Libellen
Insektenwissen für kleine Naturforscher – Bestell-Nr. 13 148

2. Libellen in der Natur beobachten – Exkursion

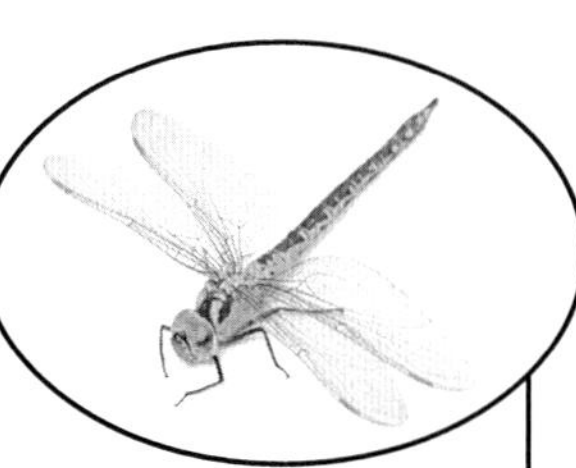

Aufgabe 1: *Kreuze die richtige Antwort an! Wenn du alles korrekt beantwortet hast, dann erhälst du den wissenschaftlichen Namen der größten Libellenart Deutschlands, der* ***Großen Königslibelle****.*

a) Wann ist die beste Zeit, um Libellen zu beobachten?

- zwischen Oktober und Dezember (E)
- zwischen Mai und September (A)

b) Wo kann man am besten Libellen sehen?

- auf einem Spielplatz (G)
- in der Nähe von Gewässern (N)

c) Soll man Libellen anfassen?

- Ja, das ist kein Problem. (O)
- Nein, ihre Flügel sind sehr empfindlich. (A)

d) Was sollte man nicht tun, wenn man Libellen beobachtet?

- leise sein und geduldig warten (Y)
- laut reden und die Pflanzen beschädigen (X)

Vielleicht hast du Glück und siehts bei deiner Exkursion diese prächtige Libelle. Ihre Flügel erreichen eine Spannweite von bis zu 11 cm. Sie hat einen langen, schlanken Körper, der bis zu 8 Zentimeter lang werden kann. Die Männchen sind besonders auffällig mit ihrem leuchtend blauen Hinterleib und grünem Brustbereich. Die Weibchen sind oft etwas grüner, aber auch sie können blaue Färbungen haben. Beide Geschlechter haben durchsichtige Flügel, die im Flug schnell und kräftig schlagen.

Die **Große Königslibelle**, auch ____________ *imperator* genannt, ist eine der größten Libellenarten in Europa. Sie fällt durch ihre leuchtenden Farben und ihre beeindruckende Größe sofort auf.

Lernwerkstatt Libellen
Insektenwissen für kleine Naturforscher – Bestell-Nr. 13 148
KOHL VERLAG

3. Zeichne die Libelle fertig

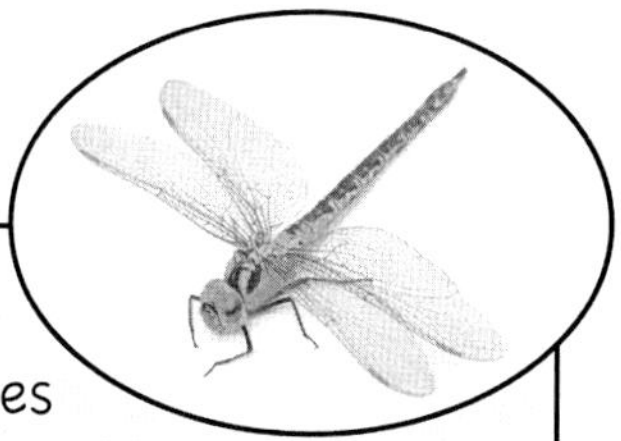

Bevor wir uns näher mit der Biologie der Libellen beschäftigen, ist es hilfreich, sich mal mit einer Zeichnung an diese Tiere anzunähern. So bekommt man schnell einen ersten Eindruck. Man lernt, dass die Tiere sechs Beine und vier Flügel haben und dass der Körper in drei Bereiche unterteilt werden kann.

Aufgabe: *Hier siehst du die linke Seite einer Libelle. Die rechte Seite sieht natürlich genauso aus ... nur eben spiegelverkehrt. Jetzt bis du dran! Male das Bild fertig.*

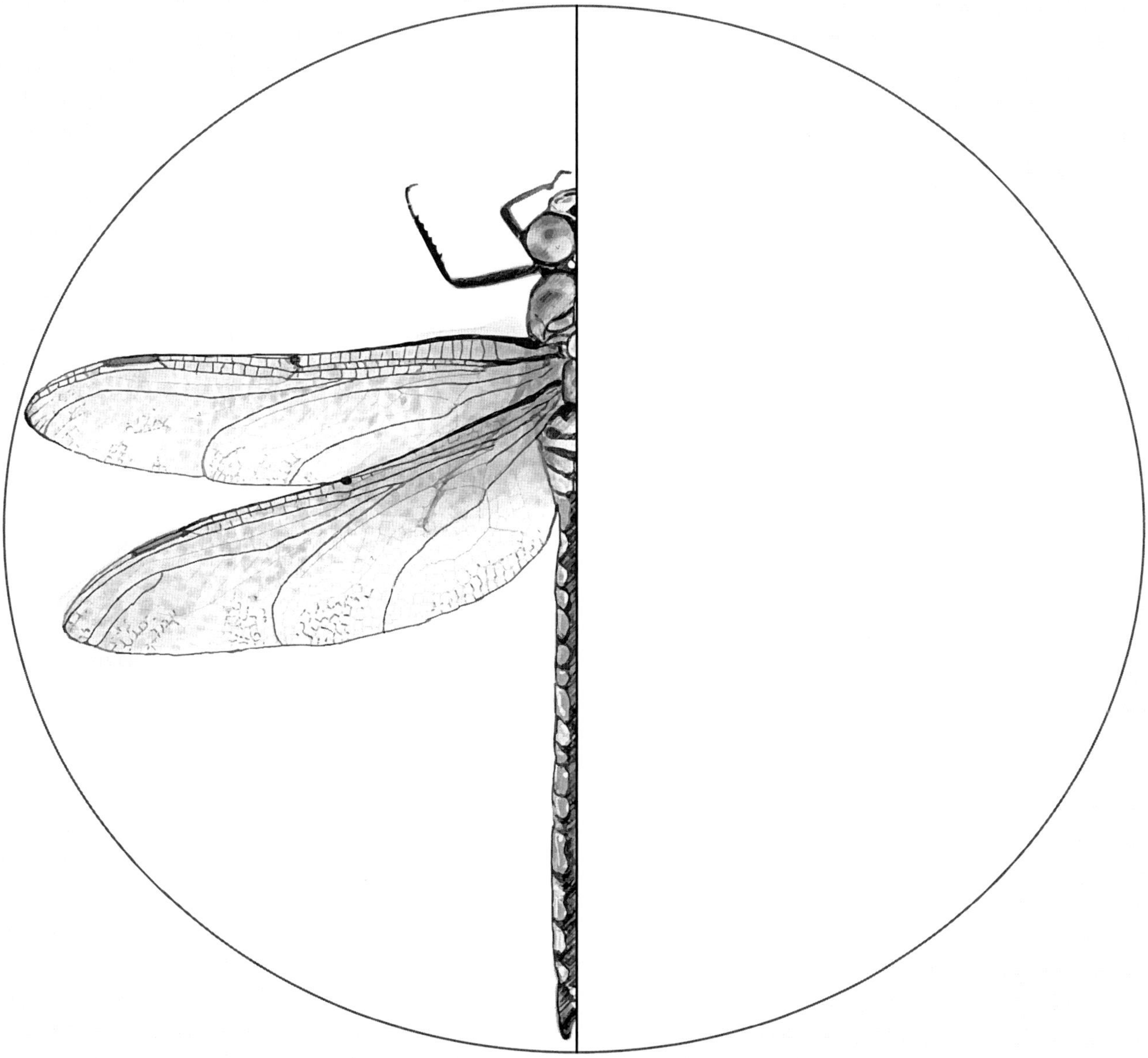

4. ... ein bisschen Systematik

Libellen gehören zur großen Familie der Insekten. Ihr wissenschaftlicher Name ist „Odonata". Insgesamt gibt es auf der Welt viele verschiedene Arten von Libellen. Derzeit kennt man 6403 verschiedenen Libellenarten. In Mitteleuropa, also in Ländern wie Deutschland, Österreich oder der Schweiz, kann man etwa 85 dieser Arten finden.

Die Flügelspannweite der Libellen kann sehr unterschiedlich sein. Die meisten Libellen haben Flügel, die zwischen 20 und 110 Millimeter breit sind, wenn sie ausgebreitet sind. Es gibt aber auch eine besondere Art, die *Megaloprepus coerulatus* heißt. Diese Libelle, die zu den Kleinlibellen gehört, hat Flügel, die bis zu 190 Millimeter breit sein können! Das ist fast so breit wie zwei Hände nebeneinander. Die Wissenschaft, die sich mit Libellen beschäftigt, hat einen besonderen Namen: **Odonatologie**. Wissenschaftler, die sich mit Libellen befassen, untersuchen, wie sie leben, was sie fressen und wie sie sich bewegen.

Aufgabe: EA *Kreuze die richtige Antwort an! Wenn du alles richtig beantwortet hast, dann erhälst du den deutschen Namen der kleinsten Libellenart der Welt,* ***Nehalennia speciosa****.*

a) Wie viele Libellenarten gibt es weltweit?

- 85 (Win)
- 640 (Gno)
- 6403 (Zwe)

b) Wie breit sind die Flügel der meisten Libellen?

- zwischen 20 und 110 Millimeter (rgl)
- zwischen 110 und 190 Millimeter (zli)
- mehr als 200 Millimeter (mfl)

c) Wie nennt man die Wissenschaft, die sich mit Libellen beschäftigt?

- Insektologie (ngt)
- Entomologie (ugz)
- Odonatologie (ibe)

d) Wie groß ist die Flügelspannweite der *Megaloprepus coerulatus*?

- 110 Millimeter (eug)
- 190 Millimeter (lle)
- 150 Millimeter (ier)

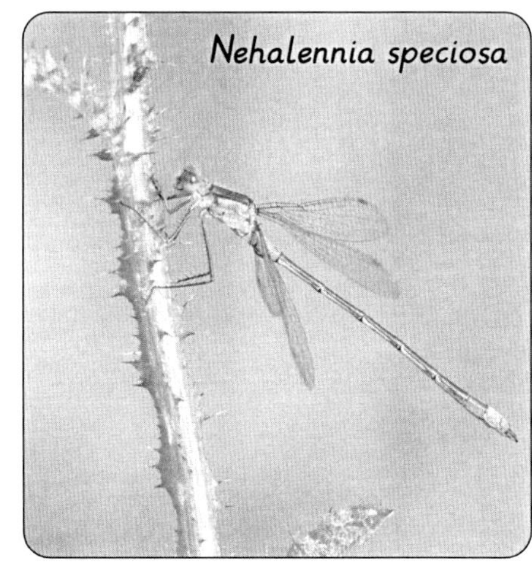

Nehalennia speciosa

Der deutsche Name lautet:

____

KOHL VERLAG Lernwerkstatt Libellen Insektenwissen für kleine Naturforscher – Bestell-Nr. 13 148

5. Ein besonderes Insekt

Weißt du schon, woran man ein erkennen kann, ob ein Krabbeltier ein **Insekt** ist? Dazu musst du lediglich die Anzahl der Beine zählen. Wissenschaftler sprechen bei Insekten auch häufig von *Hexapoda*. Der Name setzt sich aus héx (griechisch sechs) und podós (Fuß) zusammen. Hexapoda sind also Sechsfüßer.

Außerdem erkennt man Insekten auch leicht an ihrem typischen Körperbau, der sie von allen anderen Tieren unterscheidet. Egal, ob es sich um eine Biene, einen Käfer oder eben eine Libelle handelt – der Körper eines Insekts ist immer in drei Hauptteile gegliedert:

Der Kopf ist das „Kontrollzentrum" des Insekts. Hier befinden sich die Augen, mit denen es sehen kann, und die Fühler, die wie kleine Antennen funktionieren. Mit den Fühlern kann das Insekt riechen, tasten und sogar die Umgebung wahrnehmen. Am Kopf sitzen auch die Mundwerkzeuge, mit denen das Insekt fressen kann.

Die Brust (Thorax) ist der mittlere Teil des Insektenkörpers. An ihr sind die Beine und die Flügel befestigt. Jedes Insekt hat sechs Beine, das heißt, drei auf jeder Seite. Wenn das Insekt Flügel hat, sind diese auch an der Brust befestigt. Die Muskeln in der Brust sorgen dafür, dass das Insekt fliegen und laufen kann.

Der Hinterleib (Abdomen) ist der längste Teil des Insektenkörpers. Hier befinden sich die Organe, die das Insekt zum Leben braucht, wie zum Beispiel der Magen und das Herz. Im Hinterleib sitzen auch die Fortpflanzungsorgane.

Aufgabe 1: PA *Ihr weißt nun worauf ihr achten müsst. Umkreist alle Insekten. Ein Tier gehört nicht zu den Insekten? Warum nicht? Erklärt.*

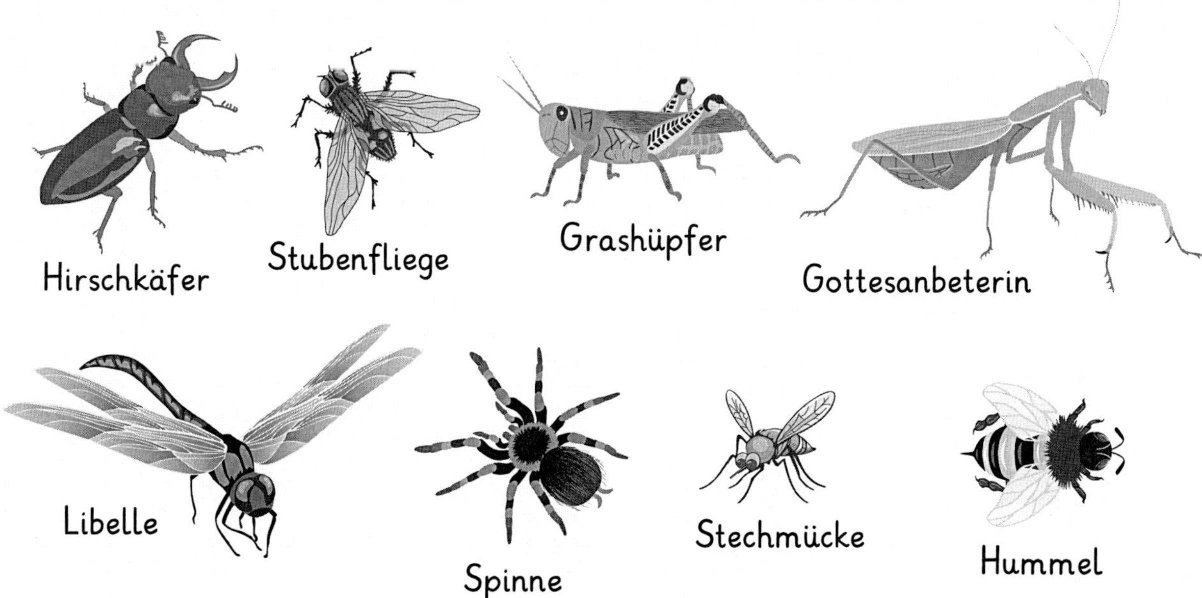

Lernwerkstatt Libellen
Insektenwissen für kleine Naturforscher – Bestell-Nr. 13 148
KOHL VERLAG

5. Ein besonderes Insekt

Libellen sind also echte Urzeit-Überlebenskünstler, die schon sehr lange die Lüfte erobern! Diese besondere Insekten gehören zu den ältesten Insektenarten überhaupt. Bereits vor über 300 Millionen Jahren, als noch Dinosaurier lebten, gab es schon Libellen! Solche stammesgeschichtlich alten Arten nennt man urtümlich.

Woran erkennt man, dass Libellen urtümlich sind?

Lange Lebensgeschichte:
Libellen haben sich über viele Millionen Jahre kaum verändert. Das bedeutet, dass sie schon sehr lange fast genauso aussehen wie heute.

Große Augen: Die großen, kugelförmigen Augen der Libellen sind ein Zeichen dafür, dass sie sich früh an das Leben als geschickte Jäger in der Luft angepasst haben. Damit können sie super gut sehen!

Vier Flügel: Libellen haben vier durchsichtige Flügel, die unabhängig voneinander schlagen können. Das ermöglicht ihnen schnelle und wendige Flugmanöver, die sie schon vor vielen Millionen Jahren perfekt beherrschten.

Aufgabe 2: *Beschrifte nun das Schaubild einer Libelle mit den folgenden Begriffen: Augen, 6 Beine, Brust, Hinterflügel, Hinterleib, Kopf, Vorderflügel*

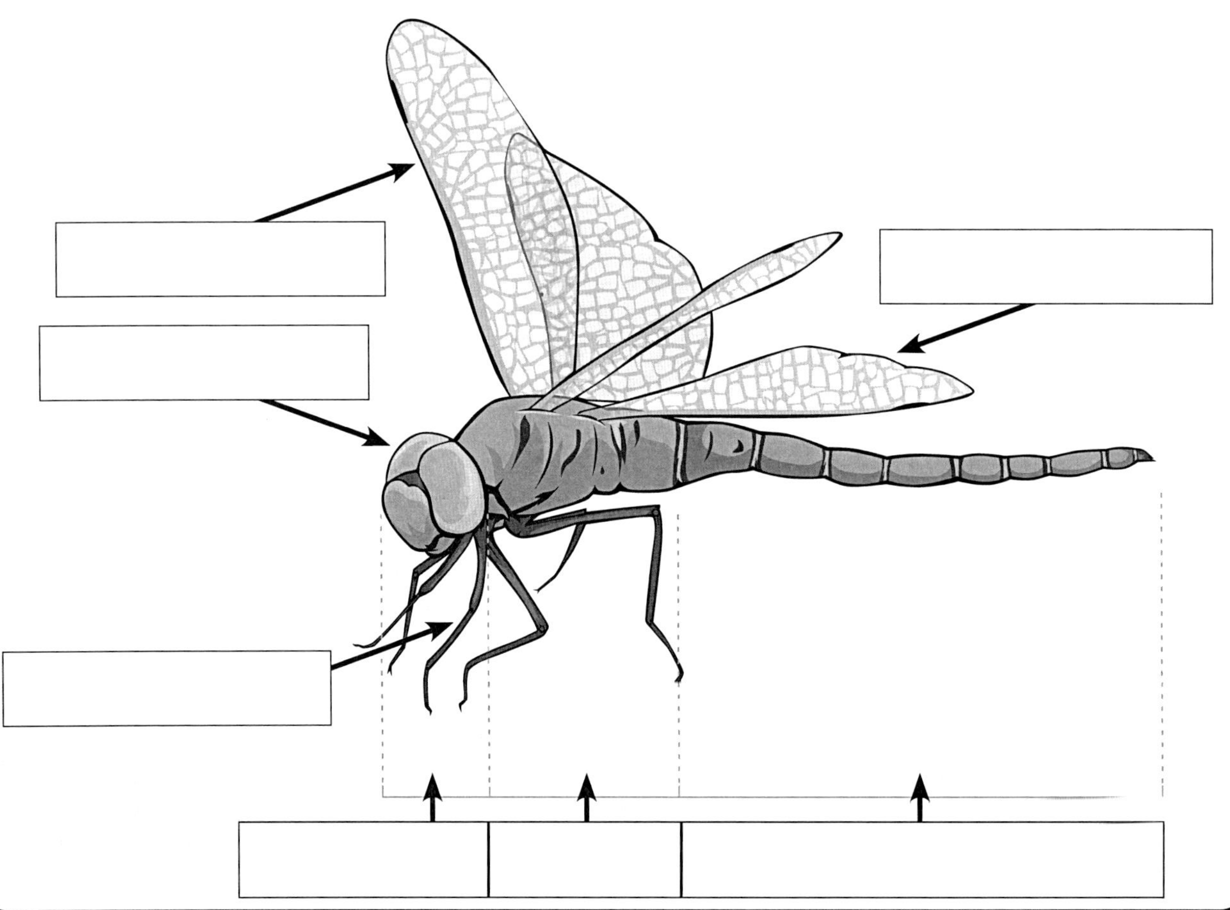

KOHL VERLAG Lernwerkstatt Libellen
Insektenwissen für kleine Naturforscher – Bestell-Nr. 13 148

6. Königin der Lüfte

Die Flügel der Libellen sind etwas ganz Besonderes und machen sie zu wahren Flugkünstlern in der Natur. Libellen haben vier Flügel – zwei vordere und zwei hintere Flügel. Diese sind bei den meisten Libellenarten fast gleich groß. Die Spannweite reicht dabei von winzigen 18 Millimetern bis hin zu beeindruckenden 19 Zentimetern bei einigen großen Arten. Jeder Flügel ist durchsichtig, fast wie ein feines Stück Glas, und mit vielen kleinen, feinen Adern durchzogen. Diese Adern geben den Flügeln Stabilität und sorgen dafür, dass sie stark, aber dennoch leicht und beweglich sind.

Doch was macht diese Flügel so einzigartig im Tierreich?

Unabhängige Bewegung: Die Libellenflügel können sich unabhängig voneinander bewegen. Das bedeutet, dass die vorderen und hinteren Flügel nicht gleichzeitig schlagen müssen. Dadurch können Libellen abrupte Richtungswechsel vollziehen, in der Luft stehen bleiben und sogar rückwärts fliegen!

Direkte Flugmuskeln: Anders als bei vielen anderen Insekten setzen die Flugmuskeln der Libellen direkt an den Flügeln an. Das gibt ihnen die Kraft und Kontrolle, die sie für ihren außergewöhnlichen Flugstil benötigen.

Schneller Flug: Libellen sind extrem schnelle Flieger und können Geschwindigkeiten von bis zu 50 Kilometern pro Stunde erreichen. Sie schlagen ihre Flügel mit einer Frequenz von etwa 30 Schlägen pro Sekunde.

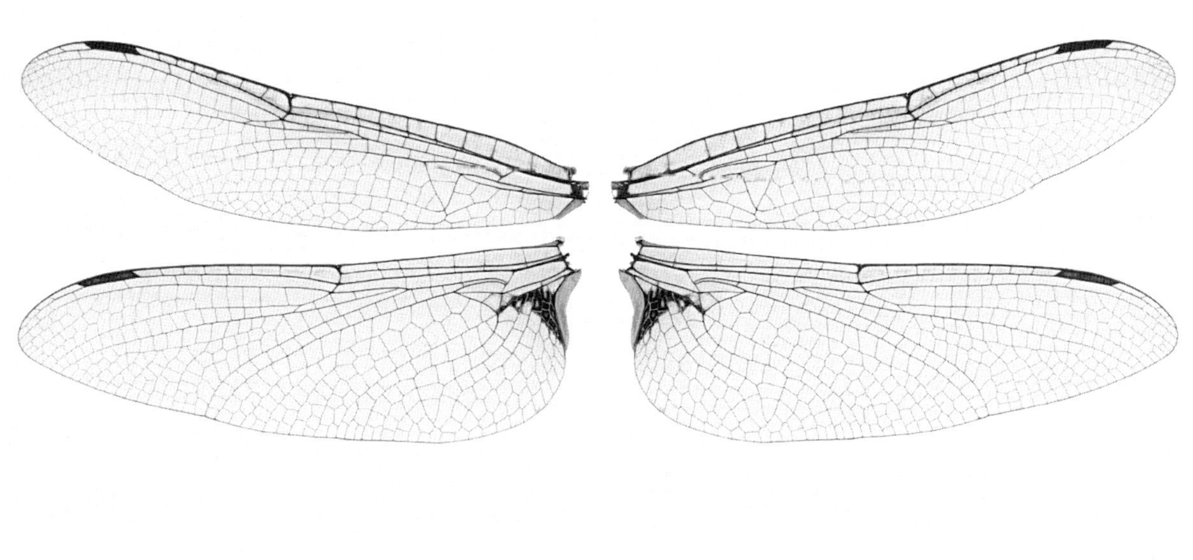

6. Königin der Lüfte

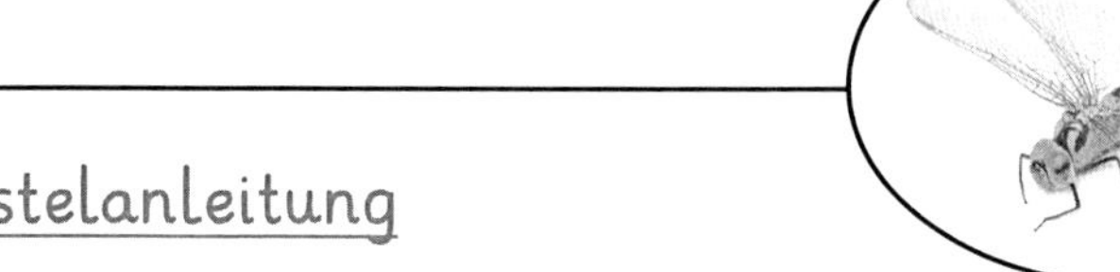

Bastelanleitung

Damit wir uns eine fliegenden Libelle besser vorstellen können, wollen wir uns ein Modell basteln.

Dazu brauchst du:

- buntes Papier (für den Libellenkörper und die Flügel)
- Strohhalm, einen dünnen Holzstab oder einen Holzstift
- Schere, Kleber/Klebeband, Bleistift und Lineal

Anleitung:

➲ Libellenkörper basteln:

Schneide aus dem bunten Papier einen langen, schmalen Streifen (etwa 10 cm lang und 1 cm breit) aus. Das wird der Körper der Libelle.

Rolle den Streifen vorsichtig um den Strohhalm/Stab/Stift, sodass er fest daran befestigt ist. Klebe das Papier am Ende mit Klebeband oder Kleber fest.

➲ Flügel zeichnen und ausschneiden:

Zeichne auf das bunte Papier vier Flügel (zwei für vorne und zwei für hinten). Die Flügel können eine einfache, ovale Form haben.

Schneide die Flügel aus. Wenn du möchtest, kannst du die Flügel mit Mustern oder Farben verzieren.

➲ Flügel am Körper befestigen:

Klebe die beiden vorderen Flügel links und rechts am oberen Ende des Libellenkörpers fest.

Klebe die beiden hinteren Flügel etwas weiter unten am Körper fest. Die Flügel sollten leicht abstehen und sich nicht überlappen.

➲ Libelle fliegen lassen:

Halte den Strohhalm am unteren Ende fest und bewege die Libelle durch die Luft.

Erklärung:

Mit dieser gebastelten Libelle können wir nachahmen, wie eine Libelle in der Luft schwebt und fliegt. Wir sehen, wie wichtig die Flügel für das Fliegen sind, und bekommen ein Gefühl dafür, wie sich eine Libelle bewegt.

7. Das Libellenauge – voll den Durchblick

Die erstaunlichen Augen der Libellen

Libellen haben besonders große Augen, die fast ihren ganzen Kopf einnehmen. Diese Augen sind nicht wie unsere Augen, sondern bestehen aus vielen, vielen kleinen Einzelaugen, die **Facettenaugen** genannt werden. Bei manchen Libellenarten gibt es bis zu 30.000 solcher Einzelaugen! Diese vielen Augen helfen der Libelle, in alle Richtungen zu sehen, ohne ihren Kopf bewegen zu müssen. Das ist sehr nützlich, wenn sie auf der Jagd nach kleinen Insekten ist oder schnell vor Feinden fliehen muss.

Zusätzlich zu den großen Facettenaugen haben Libellen noch drei kleine Punktaugen auf der Stirn, die Ocellen genannt werden. Diese Augen sind wichtig für das Gleichgewicht der Libelle und helfen ihr, schnell und sicher zu fliegen.

Libellen haben also sehr gute Augen und können ihre Umgebung viel besser sehen als viele andere Insekten. Sie können auch sehr schnelle Bewegungen wahrnehmen und sind deshalb perfekte Jäger.

Aufgabe 1: *Richtig (✓) oder Falsch (✗)? Markiere, ob die folgenden Aussagen richtig oder falsch sind.*

Libellen haben zwei große Augen, die aus vielen kleinen Einzelaugen bestehen.	✓	✗
Die kleinen Punktaugen auf der Stirn der Libellen helfen ihnen, besser zu hören.	✓	✗

Aufgabe 2: *Warum ist das so? Erkläre mit eigenen Worten, warum es für Libellen nützlich ist, so viele Augen zu haben.*

Lernwerkstatt Libellen
Insektenwissen für kleine Naturforscher – Bestell-Nr. 13 148
KOHL VERLAG

8. „Teufelsnadel“, „Augenbohrer“ & „Pferdetod“

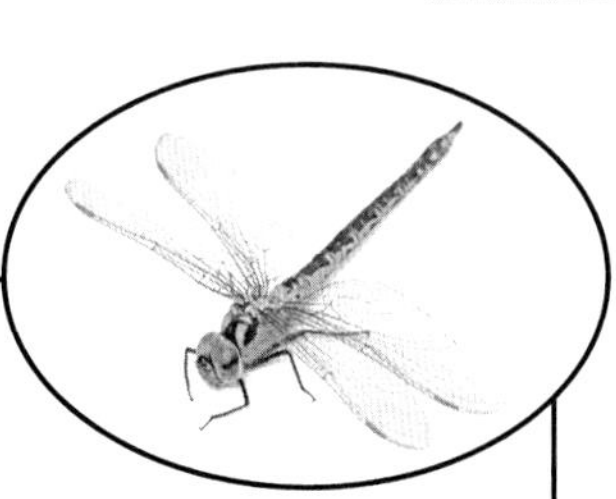

Libellen und Menschen – Freunde oder Feinde?

Libellen sind faszinierende Insekten, die schon lange auf der Erde leben. Aber wusstest du, dass es viele falsche Geschichten über Libellen gibt? Manche Leute glauben, dass Libellen stechen oder giftig sein können. Das stimmt aber nicht! **Libellen sind für uns Menschen völlig harmlos.** Sie haben zwar große Augen und manchmal scharfe Zangen zum Fangen von Beute, aber sie können uns damit nicht verletzen.

Früher hatten die Menschen Angst vor Libellen und gaben ihnen schreckliche Namen wie „Teufelsnadel“ oder „Augenbohrer“. Diese Namen stammen von alten Irrtümern und Mythen, aber in Wirklichkeit gibt es keinen Grund, sich vor Libellen zu fürchten. Wenn eine Libelle dir zu nahe kommt, dann ist sie vielleicht einfach nur neugierig und möchte dich genauer anschauen. Manche Libellen, wie die Blaugrüne Mosaikjungfer, bleiben sogar für kurze Zeit in der Luft stehen und beobachten dich. Das sieht vielleicht wie ein „Angriff“ aus, aber die Libelle tut dir nichts.

Selbst wenn du eine Libelle fangen und festhalten würdest, würde sie nur versuchen, sich zu befreien. Vielleicht beißt sie dann in deinen Finger, aber das tut nicht wirklich weh. Von sich aus greifen Libellen Menschen niemals an. Sie sind meistens scheu und flüchten, wenn sie uns sehen.

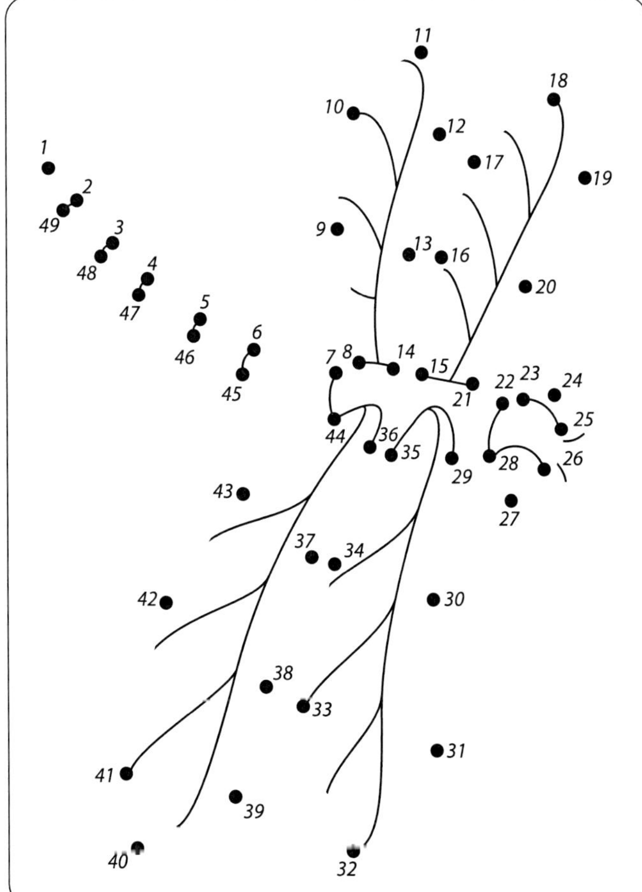

Aufgabe 1:

Verbinde die Punkte der Reihe nach und male in deinen Lieblingsfarben an.

Aufgabe 2:

In dem Text steht, dass Libellen nicht stechen können und das stimmt auch. Selbst wenn sich eine Libelle auf deine Hand setzt … es kann dir überhaupt nichts passieren. Doch woher kann man sich da sicher sein? Was glaubst du?

9. Lebensräume der Libellen

Der Lebensraum der Libellen

Libellen sind besonders häufig in der Nähe von Gewässern zu finden. Das liegt daran, dass ihre Larven im Wasser leben. Aber nicht alle Libellen bleiben ihr ganzes Leben lang in der Nähe von Wasser. Einige, wie die Blaugrüne Mosaikjungfer, fliegen auch weiter weg, um Nahrung zu finden. Weibliche Libellen halten sich oft von den Gewässern fern, um nicht von Männchen belästigt zu werden.

Blaugrüne Mosaikjungfer
(Aeshna cyanea)

Aufgabe 1: *Richtig (✓) oder Falsch (✗)? Markiere, ob die folgenden Aussagen richtig oder falsch sind.*

Die Larven von Libellen leben an Land.	✓	✗
Weibliche Libellen bleiben immer in der Nähe von Gewässern.	✓	✗
Die Blaugrüne Mosaikjungfer kann auch weit weg vom Wasser fliegen.	✓	✗

Aufgabe 2: *Schau Dir die beiden Bilder der Libelle in ihrem Lebensraum genau an. Findest du neun Unterschiede?*

9. Lebensräume der Libellen

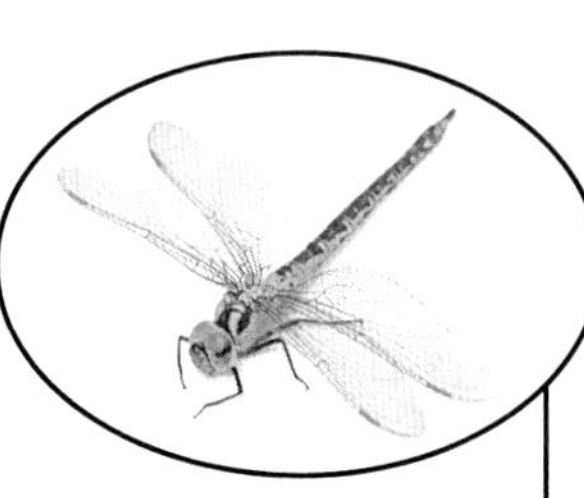

Fließende und stehende Gewässer

Libellen leben in verschiedenen Gewässern. Manche Libellenarten, wie die Prachtlibellen und Flussjungfern, bevorzugen Flüsse und Bäche. Andere, wie die Große Pechlibelle und die Blaugrüne Mosaikjungfer, leben lieber an Teichen und Seen. In den flachen Uferzonen zwischen Wasserpflanzen finden die Libellenlarven Schutz und Nahrung.

Aufgabe 3: *Verbinde richtig. Ziehe eine Linie zwischen den Libellenarten und ihrem bevorzugten Lebensraum: „**Fließgewässer**" (Bäche und Flüsse) oder „**stehende Gewässer**" (Teiche, Weiher, Seen).*

Prachtlibelle

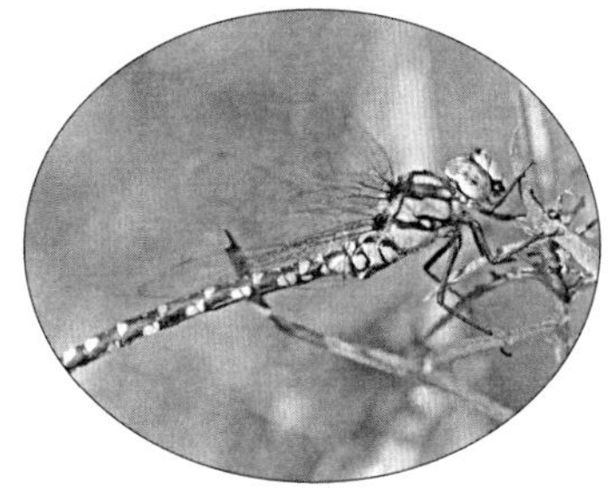

Blaugrüne Mosaikjungfer

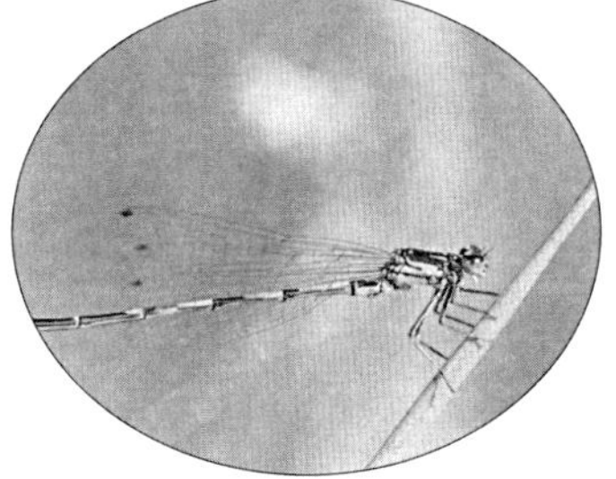

Große Pechlibelle

Flussjungfern

Aufgabe 4: *Fülle die Lücken mit den passenden Wörtern Diese Begriffe musst du an der richtigen Stelle einsetzen:*

Bächen • Blaugrüne • Teichen • Wasserpflanzen

Libellenlarven leben oft in ____________ oder Seen, wo sie zwischen ________________________ Schutz finden. An Flüssen und ____________ leben Libellen, wie z. B. die Prachtlibelle. An Seen und Teichen findet man oft die ____________________ Mosaikjungfer.

9. Lebensräume der Libellen

Moore

Ein besonderer Lebensraum für Libellen sind Moore. Hier ist das Wasser sehr sauer, und es gibt wenig Sauerstoff. Trotzdem finden Libellen wie die Speer-Azurjungfer und die Torf-Mosaikjungfer hier ihr Zuhause. Da Moore immer seltener werden, sind auch die Libellen, die dort leben, gefährdet.

Torf-Mosaikjungfer

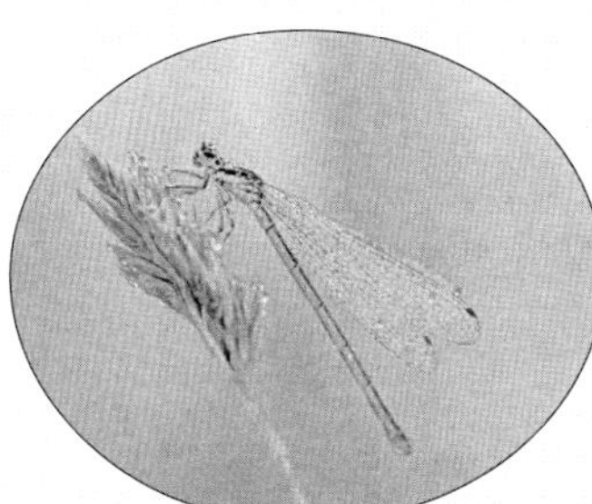

Speer-Azurjungfer

Aufgabe 5: *Moore sind ein besonderer Lebensraum. Löse den Lückentext und du lernst viele faszinierende Dinge rund um Moore. Setze diese Begriffe an den richtigen Stellen ein:*

EA

Lebensräume • Naturschutz • Tiere • Torf • Wasser

Moore sind ganz besondere ____________________, in denen das Wasser fast das ganze Jahr über im Boden steht. Sie entstehen in Gebieten, wo das Wasser nicht gut abfließen kann. Wenn Pflanzen in diesen Gebieten absterben, können sie wegen des vielen ________________ nicht vollständig verrotten. Mit der Zeit sammelt sich immer mehr abgestorbenes Pflanzenmaterial an, das ______________ nennt.

Es dauert viele tausend Jahre, bis ein Moor entsteht. Daher sind Moore sehr wertvoll und stehen unter ____________________. In Mooren leben besondere Pflanzen und Tiere, die sich an das nasse und saure Umfeld angepasst haben. Wenn wir Moore schützen, bewahren wir auch einen wichtigen Lebensraum für viele ________________.

Diskussionsaufgabe für die ganze Klasse

Aufgabe 6: *Warum sind Moore wichtig für Libellen, und wie können wir sie schützen? Sprecht darüber und überlegt, was wir tun können, um diesen Lebensraum zu bewahren.*

GA

Lernwerkstatt Libellen
Insektenwissen für kleine Naturforscher – Bestell-Nr. 13 148

10. Lebensweise der Libellen

Libellen sind faszinierende Räuber, die ihre Beutetiere während des Fluges fangen. Ihre Beine sind zu einem besonderen Fangapparat umgestaltet, mit dem sie ihre Beute, meist andere Insekten, ergreifen. Libellen jagen nicht nur über dem Wasser, sondern auch auf Wiesen, in Wäldern und an anderen offenen Stellen. Besonders in den Abendstunden werden einige Arten, wie die Grüne Mosaikjungfer, aktiv. Dabei verlassen sie sich auf ihre scharfen Augen, um ihre Beute zu entdecken.

Damit ihre Flugmuskeln gut funktionieren, brauchen Libellen Wärme. Deshalb setzen sie sich oft an sonnige Plätze und breiten ihre Flügel aus, um sich aufzuwärmen. Doch obwohl Libellen sehr schnell sind, haben sie viele Feinde. Frösche, Fledermäuse, Vögel und sogar andere Libellen machen Jagd auf sie. Manchmal fallen sie auch fleischfressenden Pflanzen zum Opfer.

Aufgabe 1: *Fülle die Lücken mit den passenden Wörtern Diese Begriffe musst du an der richtigen Stelle einsetzen:*

EA

Dämmerung • Fangapparat • Frösche • Insekten • Räuber • Sonne

Libellen sind _______________, die ihre Beute im Flug fangen. Ihre Beine sind zu einem _______________ umgestaltet, mit dem sie andere _______________ ergreifen. Einige Libellenarten jagen besonders in der _______________. Um ihre Muskulatur aufzuwärmen, setzen sie sich in die _______________. Zu ihren Feinden gehören _______________, Vögel und sogar andere Libellen.

Bienenfresser haben auch Libellen zum Fressen gern …

Aufgabe 2: *Richtig (✓) oder Falsch (✗)? Markiere, ob die folgenden Aussagen richtig oder falsch sind.*

Aussage	✓	✗
Libellen jagen nur über dem Wasser.	✓	✗
Libellen nutzen ihre Beine, um ihre Beute zu fangen.	✓	✗
Die Grüne Mosaikjungfer ist besonders tagsüber aktiv.	✓	✗
Libellen setzen sich in die Sonne, um ihre Muskulatur aufzuwärmen.	✓	✗

KOHL VERLAG
Lernwerkstatt Libellen
Insektenwissen für kleine Naturforscher – Bestell-Nr. 13 148

11. Fortpflanzung und Entwicklung der Libellen

Paarung und Eiablage bei Libellen

Libellen haben eine besondere Art der Fortpflanzung. Zuerst findet das Männchen im Flug das Weibchen. Mit den Hinterleibsanhängen (Zangen) ergreift es das Weibchen am Kopf und es entsteht die sogenannte Tandemstellung. Das Männchen überträgt danach seinen Samen in einen speziellen Behälter an seinem Körper. Dann biegt sich das Weibchen nach vorne, um den Samen des Männchens aufzunehmen. In dieser Haltung entsteht das typische Paarungsrad der Libellen.

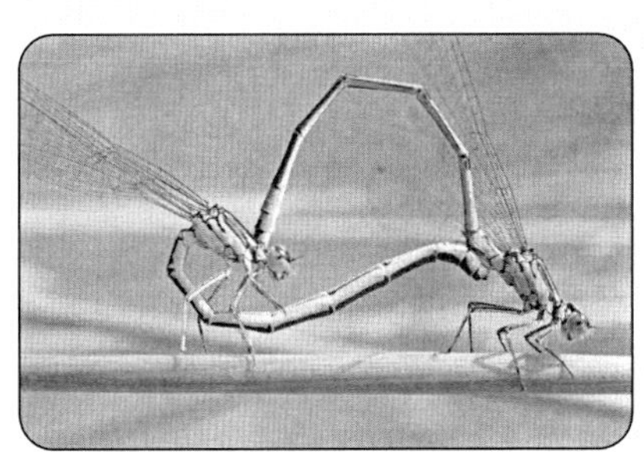

Paarungsrad bei der Azurjungfer

Die Libellen legen ihre Eier auf unterschiedliche Weise ab. Manche Arten befestigen die Eier an Wasserpflanzen, andere werfen sie direkt ins Wasser. Es gibt auch Libellen, die ihre Eier in die Rinde von Bäumen stechen oder sie über trockenen Stellen ablegen, die später überschwemmt werden könnten. Besonders faszinierend ist, dass einige Weibchen bis zu 90 Minuten lang unter Wasser bleiben können, um ihre Eier abzulegen.

Aufgabe 1: *Verbinde die Satzanfänge mit den passenden Satzenden. Schreibe die richtigen Sätze dann in Schönschrift ab.*

... das Männchen das Weibchen mit seinen Hinterleibsanhängen ergreift.	Das Männchen überträgt seinen Samen ...
Bei der Fortpflanzung der Libellen entsteht zuerst die sogenannte Tandemstellung, wenn ...	Manche Libellen legen ihre Eier an Wasserpflanzen ab, ...
... in einen speziellen Behälter an seinem Körper.	... während andere sie direkt ins Wasser werfen.
... entsteht das Paarungsrad, das typisch für Libellen ist.	Wenn sich das Weibchen nach vorne biegt, ...

Lernwerkstatt Libellen
Insektenwissen für kleine Naturforscher – Bestell-Nr. 13 148

11. Fortpflanzung und Entwicklung der Libellen

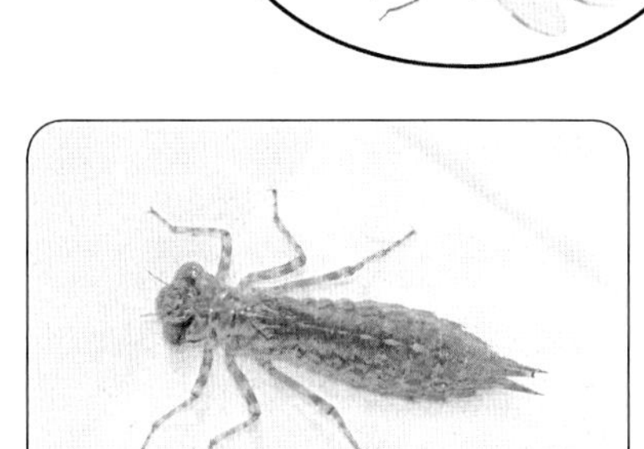

Entwicklung der Libellenlarven

Libellen durchlaufen eine besondere Entwicklung. Aus den Eiern schlüpfen die Larven, die zunächst im Wasser leben. Diese Larven sehen ganz anders aus als die ausgewachsenen Libellen. Sie haben keine Flügel und bewegen sich oft kriechend oder schwimmend im Wasser fort. Dabei sind sie ebenfalls kleine Räuber, die sich von anderen Wassertieren ernähren.

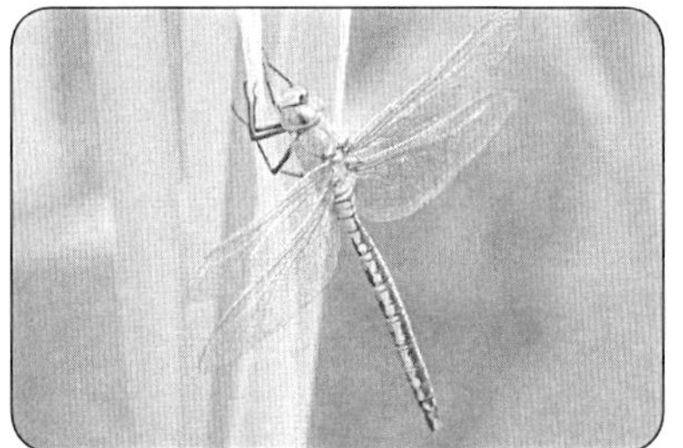

Larve und …

… Imago der Großen Königslibelle

Die Larven durchlaufen mehrere Häutungen, bei denen sie immer größer werden. Nach der letzten Häutung verlässt die Larve das Wasser und klettert auf eine Pflanze oder einen Stein. Dort häutet sie sich ein letztes Mal, und eine ausgewachsene Libelle schlüpft. Zuück bleibt die leere Hülle (Exuvie). Dieser Vorgang, bei dem aus der Larve eine flugfähige Libelle wird, wird als **Metamorphose** bezeichnet.

Aufgabe 2: PA *Das Schaubild zeigt den Lebenszyklus einer Libelle. Die Wörter auf diesem Blatt, die unterstrichen sind, müsst ihr an der richtigen Stelle in dem Schaubild in die Kästen übertragen.*

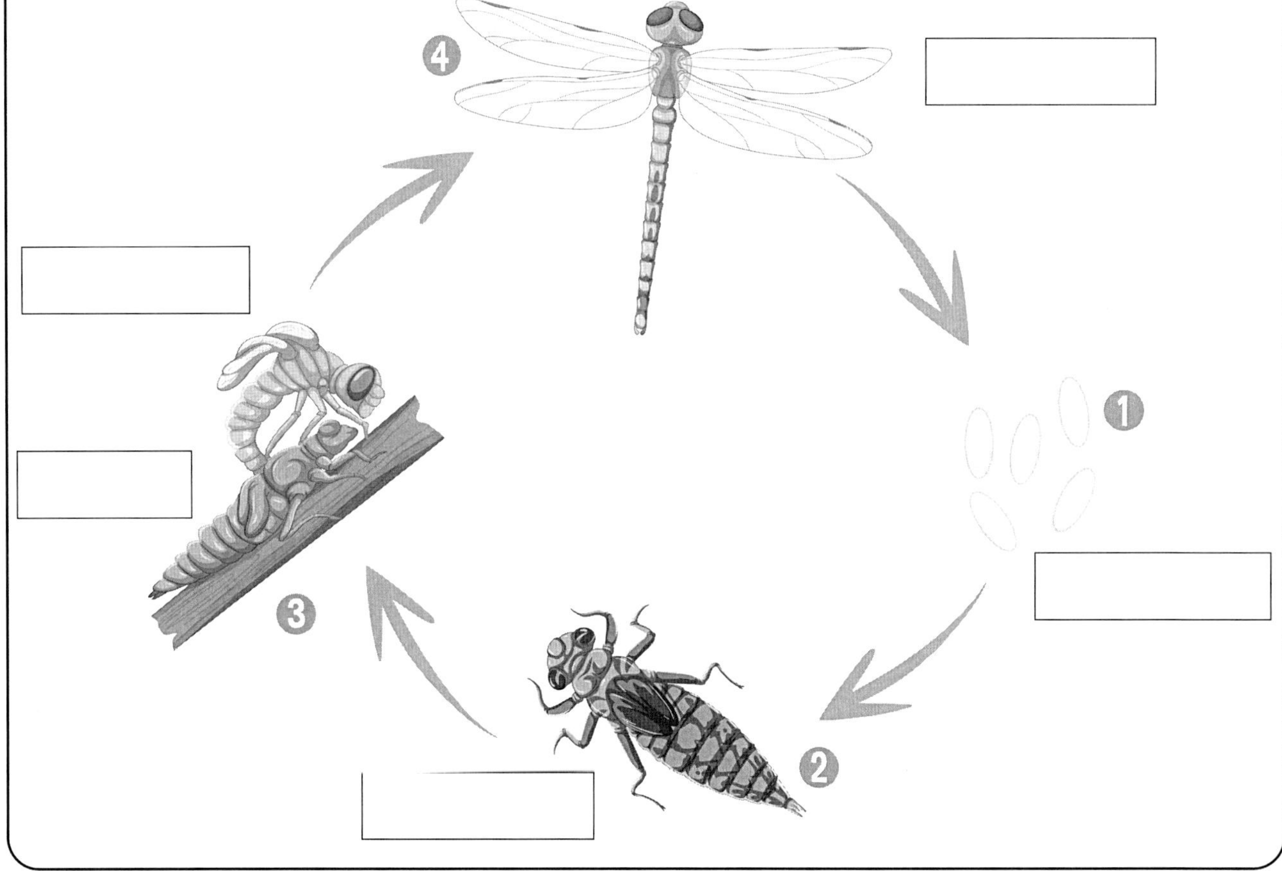

Lernwerkstatt Libellen
Insektenwissen für kleine Naturforscher – Bestell-Nr. 13 148
KOHL VERLAG

11. Fortpflanzung und Entwicklung der Libellen

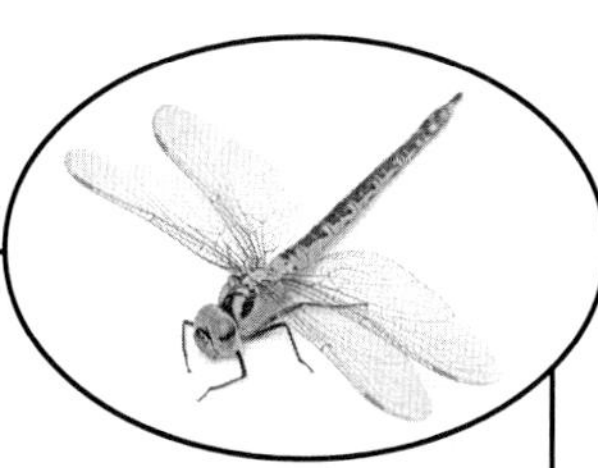

Die Libellenlarve

Libellenlarven, auch als „Nymphen" bezeichnet, sehen ganz anders aus als die erwachsenen Libellen. Sie leben im Wasser und verbringen dort den größten Teil ihres Lebens, bevor sie sich zu fliegenden Insekten entwickeln. Die Larvenphase kann je nach Art und Umweltbedingungen mehrere Monate bis Jahre dauern.

Körperbau:

Libellenlarven haben einen länglichen, oft kräftigen Körper, der gut an das Leben im Wasser angepasst ist. Der Kopf ist groß und breit, mit kräftigen Kiefern, die sie zum Fangen ihrer Beute benutzen.

Beine:

Die Larven besitzen sechs kräftige Beine, die ihnen helfen, sich am Untergrund festzuhalten oder sich langsam durch das Wasser zu bewegen.

Atemorgane:

Libellenlarven atmen durch Tracheenkiemen im Hinterleib. Diese befinden sich in einer speziellen Atemöffnung, die sie auch als „Atemschlauch" nutzen können. Manche Larvenarten können sich sogar schnell durch das Wasser bewegen, indem sie Wasser durch diesen Atemschlauch pressen – das nennt man „Rückstoßantrieb".

Fangmaske:

Eine der beeindruckendsten Eigenschaften der Libellenlarven ist ihre Fangmaske. Diese ist ein verlängertes, faltbares Mundwerkzeug, das wie eine Greifzange funktioniert. Die Larve kann die Fangmaske blitzschnell nach vorne schnappen lassen, um kleine Tiere wie Insektenlarven oder Krebstiere zu packen und zu fressen.

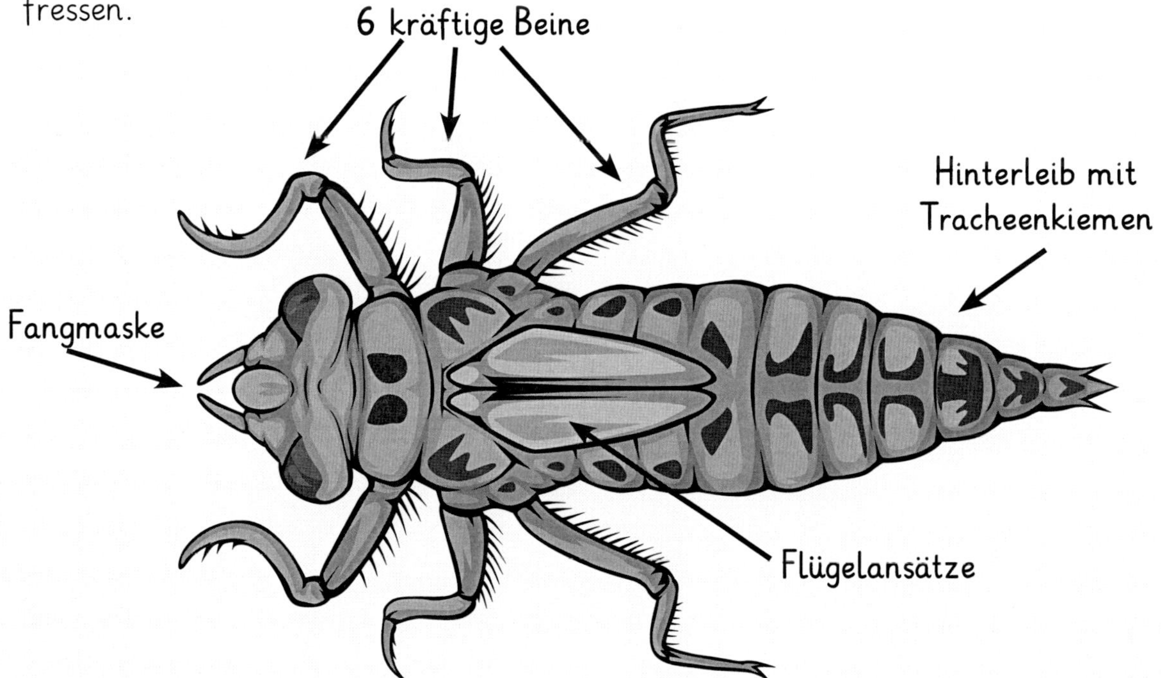

Lernwerkstatt Libellen
Insektenwissen für kleine Naturforscher – Bestell-Nr. 13 148
KOHL VERLAG

12. Großlibellen und Kleinlibellen

Libellen gehören zu den ältesten Insekten der Welt und werden in zwei große Gruppen eingeteilt: die Großlibellen und die Kleinlibellen. Diese beiden Gruppen unterscheiden sich in mehreren wichtigen Merkmalen:

Großlibellen (Anisoptera) sind meist größer und kräftiger als Kleinlibellen. Ihre Flügel sind breit und unterschiedlich geformt. Im Flug können sie ihre beiden Flügelpaare unabhängig voneinander bewegen, was ihnen große Wendigkeit verleiht. Die Augen der Großlibellen sind sehr groß und berühren sich oft oben auf dem Kopf. Großlibellen sitzen immer mit ausgebreiteten Flügeln.

Kleinlibellen (Zygoptera) sind kleiner und zierlicher. Ihre Flügel sind meist gleich geformt und eher schmal. Wenn sie sitzen, legen sie ihre Flügel zusammen über dem Rücken. Die Augen der Kleinlibellen sind deutlich voneinander getrennt und sitzen seitlich am Kopf.

Aufgabe 1: *Fülle die Lücken mit den passenden Wörtern Diese Begriffe musst du an der richtigen Stelle einsetzen:*

Flügel • gleich • groß • größer • kräftiger • oben • Rücken • schmaler

Großlibellen sind meist ______________ und ______________ als Kleinlibellen.

Die Augen der Großlibellen sind sehr ______________ und berühren sich oft ______________ auf dem Kopf. Wenn Kleinlibellen sitzen, legen sie ihre ______________ über dem ______________ zusammen. Die Flügel der Kleinlibellen sind ______________ geformt und ______________ als die der Großlibellen.

Aufgabe 2: *Kreuze an, ob es sich um ein Merkmal von Großlibellen oder Kleinlibellen handelt.*

	Großlibellen	Kleinlibellen
Größer und kräftiger gebaut		
Flügelpaare sind gleich geformt		
Augen berühren sich oft oben auf dem Kopf		
Flügel werden beim Sitzen zusammengelegt		

Lernwerkstatt Libellen
Insektenwissen für kleine Naturforscher – Bestell-Nr. 13 148

13. Libellen sind stark bedroht

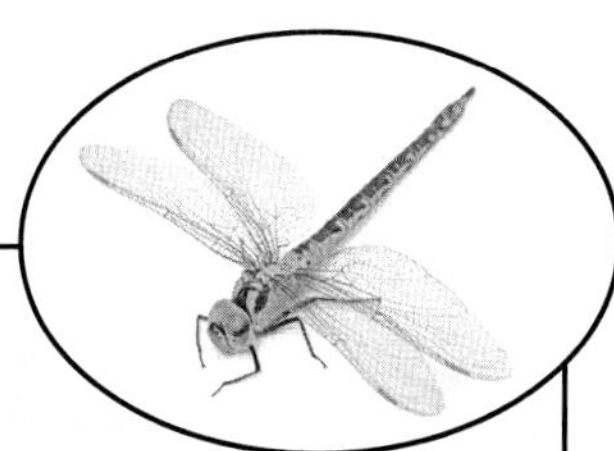

Gefährung der Libellen

Libellen sind faszinierende Insekten, die besonders durch ihre Flugkünste und ihre bunten Farben auffallen. Leider sind viele Libellenarten in Deutschland bedroht. Im Jahr 2001 wurde die Plattbauchlibelle (*Libellula depressa*) zum Insekt des Jahres gewählt, um auf die Gefährdung der Libellen aufmerksam zu machen. Der größte Feind der Libellen ist die Verschmutzung und Trockenlegung von Gewässern, in denen ihre Larven leben.

Im Jahr 2000 waren rund 66 % aller heimischen Libellenarten gefährdet, und 20 % standen sogar kurz vor dem Aussterben. Bis heute hat sich die Situation leicht verbessert, aber immer noch stehen 43 % der 85 Arten auf der Roten Liste der gefährdeten Arten. Vor allem Libellenarten, die in kühleren Regionen und an stehenden Gewässern wie Mooren leben, sind stark bedroht.

Auf der anderen Seite gibt es auch Libellenarten, die vom Klimawandel profitieren. Diese Arten lieben warme Temperaturen und leben an Fließgewässern. Trotzdem ist der Schutz aller Libellen sehr wichtig, und deshalb stehen alle Libellenarten in Deutschland unter Artenschutz.

Aufgabe: *Viele Menschen haben eine falsche Vorstellung von Libellen. Sie haben teilweise sogar Angst vor ihnen und töten nicht selten Libellen aus purer Furcht. Wir haben mittlerweile gelernt, wie harmlos und vor allem faszinierend diese Tiere sind. Damit andere auf die Libellen aufmerksam werden und die Schönheit dieser Insekten sehen können, basteln wir uns nun eine Libellen-Girlande als Klassenraumschmuck. Auf der nächsten Seite findet ihr Bastelvorlagen. Und so geht ihr vor:*

- *Schritt 1: Übertragt die Libelle und das Laubblatt auf einen Karton oder Pappe. Nutzt dazu die Anleitung auf der nächsten Seite. Schneidet die Libelle aus. Das Laubblatt sollte hellgrün sein.*
- *Schritt 2: Malt die Libellen bunt an und verziert sie nach Belieben. Zwei Pfeifenputzer können als Antennen angeklebt werden.*
- *Schritt 3: Klebt die Libelle auf das Laubblatt. Schreibt auf das Blatt den Namen einer bedrohten Libellenart und einen kurzen Satz, warum Libellen geschützt werden müssen.*
- *Schritt 4: Befestigt die Libellen mit Fäden an einer langen Schnur, sodass sie wie eine Girlande aussieht.*
- *Schritt 5: Hängt die fertige Libellen-Girlande im Klassenzimmer auf, um alle daran zu erinnern, wie wichtig der Schutz dieser schönen Insekten ist.*

13. Libellen sind stark bedroht

Zeichenvorlagen

Du brauchst:

- Stifte, Schere, Kleber
- Pfeifenputzer
- Pappe/Karton als feste Unterlage

Übertrage dir deine eigene Libelle auf ein Stück Karton oder Pappe. Geh dabei die einzelnen Punkte von 1. bis 6. nacheinander durch. Damit die Libelle schön groß wird, könntest du als deinen Kreis (1.) eine 2€-Münze als Vorlage nehmen.

Die Fühler musst du nicht übertragen. Du kannst am Ende zwei Pfeifenputzer als Antennen ankleben.

Da du auf das Seerosenblatt noch etwas drauf schreiben sollst, wäre es ratsam ein helles Grün zu verwenden.

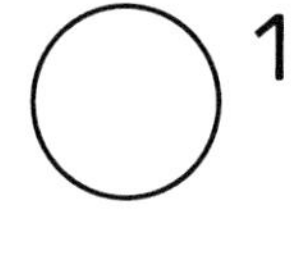

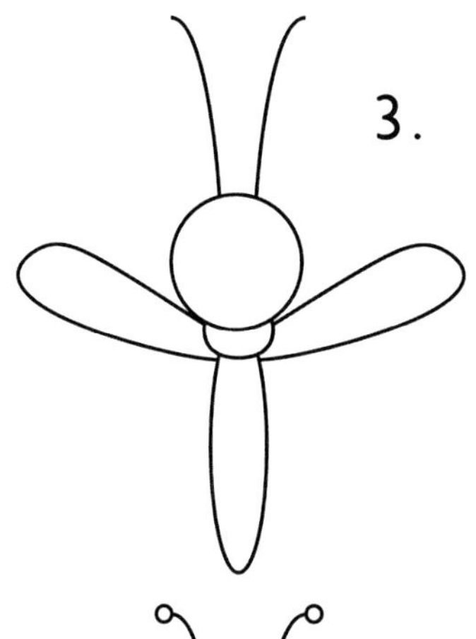

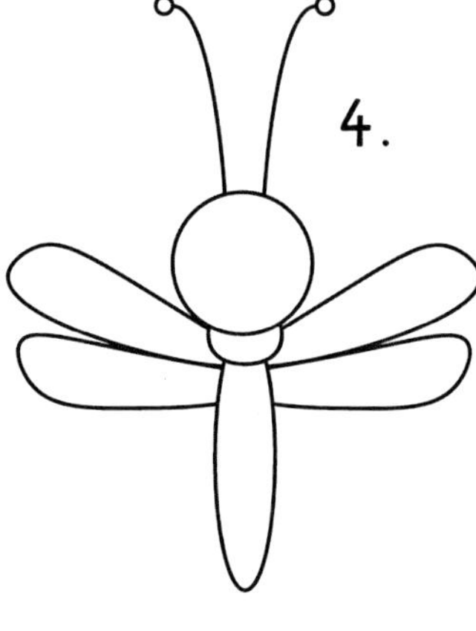

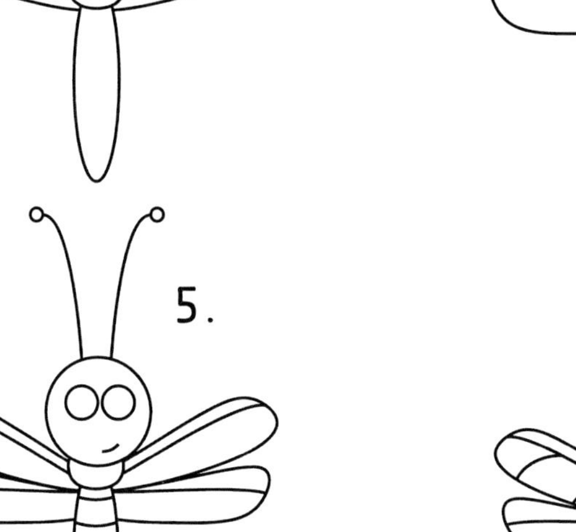

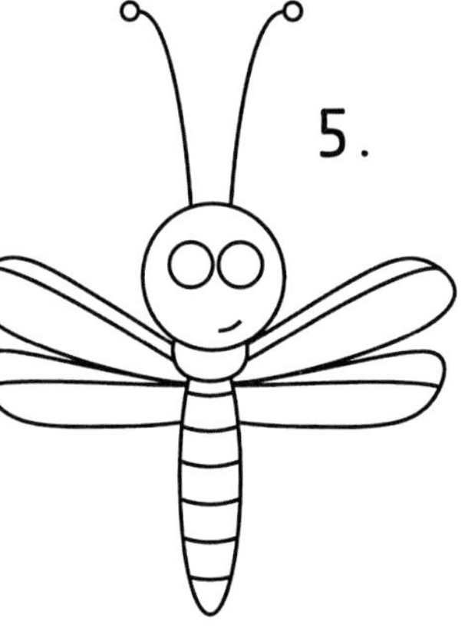

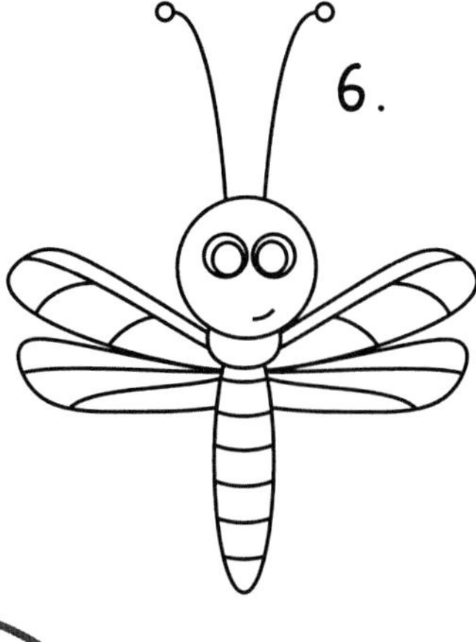

13. Libellen sind stark bedroht

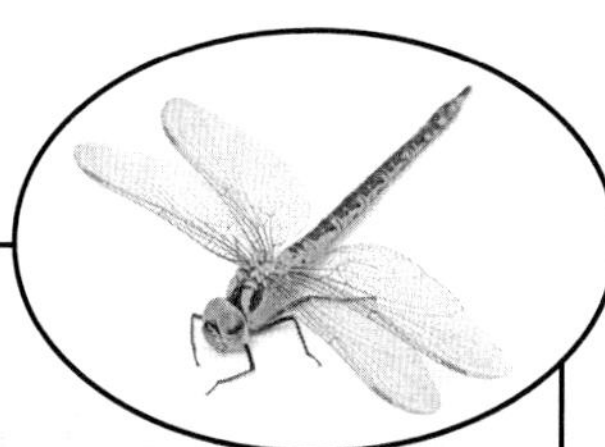

Gefährungsliste einiger Libellen in Deutschland

Name	Kategorie in der Roten Liste
Sibirische Azurjungfer	verschollen, evtl. ausgestorben
Große Zangenlibelle	verschollen, evtl. ausgestorben
Alpen-Mosaikjungfer	vom Aussterben bedroht
Hochmoor-Mosaikjungfer	vom Aussterben bedroht
Hauben-Azurjungfer	vom Aussterben bedroht
Mond-Azurjungfer	vom Aussterben bedroht
Vogel-Azurjungfer	vom Aussterben bedroht
Zwerglibelle	vom Aussterben bedroht
Alpen-Smaragdlibelle	vom Aussterben bedroht
Sumpf-Heidelibelle	vom Aussterben bedroht
Grüne Mosaikjungfer	stark gefährdet
Speer-Azurjungfer	stark gefährdet
Helm-Azurjungfer	stark gefährdet
Östliche Moosjungfer	stark gefährdet
Gebänderte Heidelibelle	stark gefährdet
Gestreifte Quelljungfer	gefährdet
Glänzende Binsenjungfer	gefährdet
Zierliche Moosjungfer	gefährdet
Kleine Moosjungfer	gefährdet
Große Moosjungfer	gefährdet
Nordische Moosjungfer	gefährdet
Gefleckte Smaragdlibelle	gefährdet
Gefleckte Heidelibelle	gefährdet
Westliche Geisterlibelle	extrem selten
Gabel-Azurjungfer	extrem selten
Gelbe Keiljungfer	extrem selten
Östlicher Blaupfeil	extrem selten
Gekielter Flussfalke	extrem selten

KOHL VERLAG Lernwerkstatt Libellen
Insektenwissen für kleine Naturforscher – Bestell-Nr. 13 148

14. Rätselhafte Libellen ...

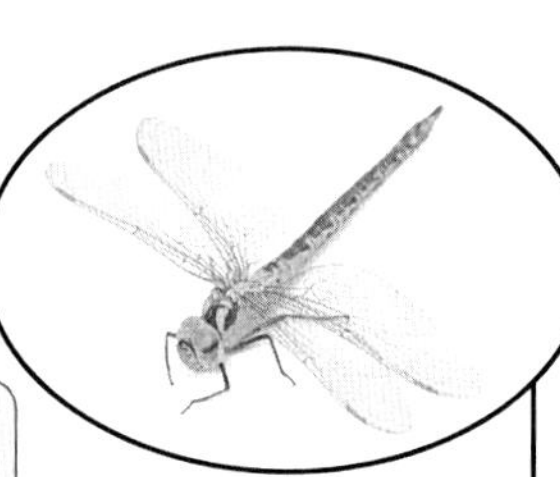

Aufgabe: *Löse das Kreuzworträtsel. Wenn du alles korrekt gelöst hast, dann erhälst du den englischen Begriff für „Libelle". Beachte: Ü=Ü und Ö=Ö*

a) Wie nennt man die Larve einer Libelle?

b) Was ist das auffälligste Merkmal am Kopf einer Libelle?

c) Wie heißt die Stellung, in der sich Libellen während der Paarung befinden?

d) In welchem Lebensraum verbringt die Libellenlarve die meiste Zeit?

e) Welche Art von Gewässer bevorzugen die meisten Libellen?

f) Wie heißt das Greifwerkzeug, das Libellenlarven zum Beutefangen benutzen?

g) Außer der Fangmaske werden zum Fang von Beute auch die ... eingesetzt?

h) Welcher nennt man die <u>letzte</u> Haut, die eine Libelle beim Schlüpfen verlässt?

i) Was benötigen Libellenlarven, um atmen zu können?

j) Wie nennt man das Hauptfortbewegungsmittel, das Libellen besitzen?

k) Welche Farbe hat die Mosaikjungfer oft?

l) Was fangen Libellen hauptsächlich in der Luft?

m) Wie nennt man das Muster auf den Flügeln vieler Libellen?

n) Libellen können dich nicht stechen, weil sie keinen ... haben.

o) *Anax imperator* ist die Große ...?

p) Wie nennt man versteinerte Tier- und Pflanzenreste?

KOHL VERLAG Lernwerkstatt Libellen Insektenwissen für kleine Naturforscher – Bestell-Nr. 13 148

14. Rätselhafte Libellen ...

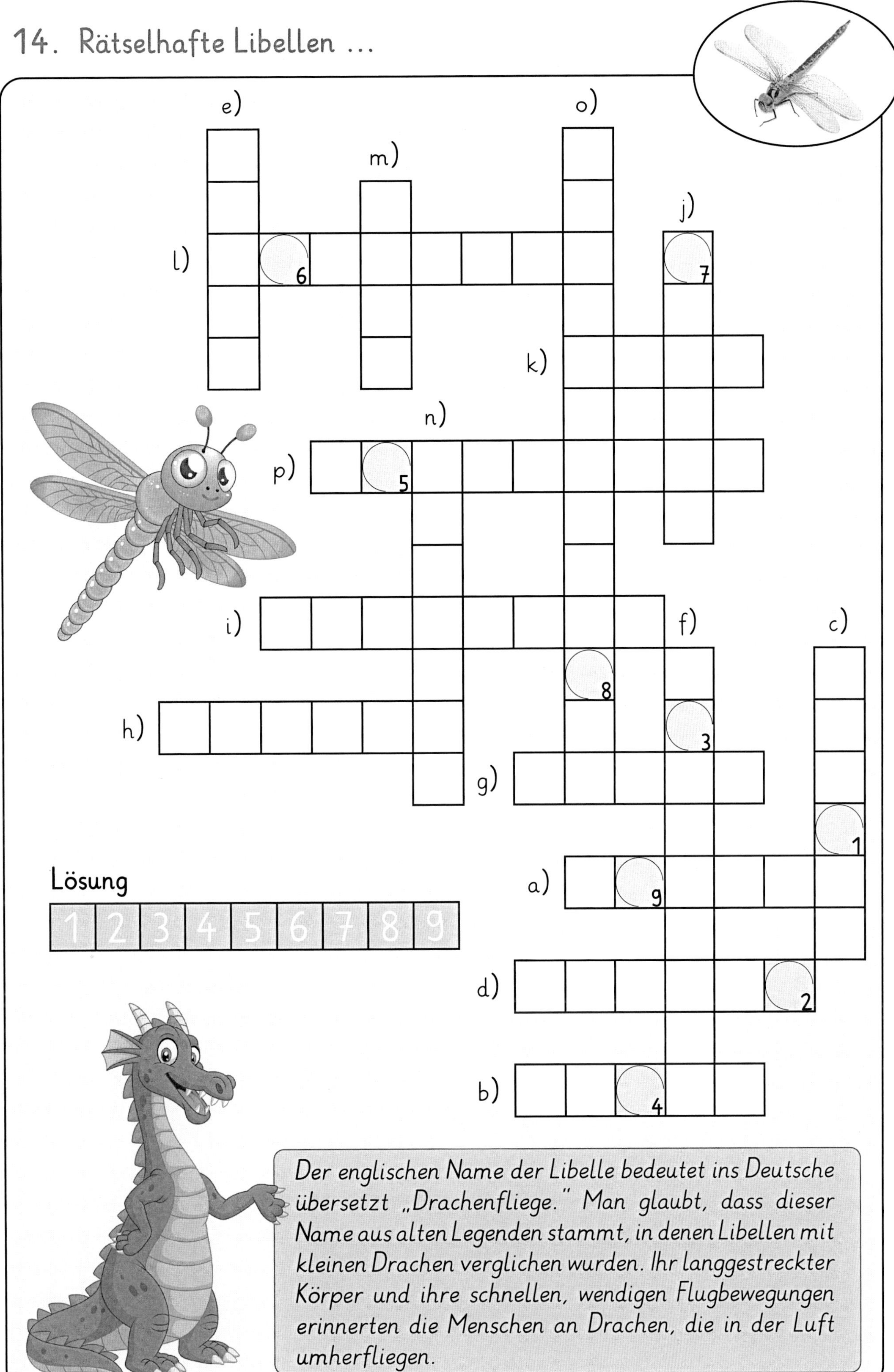

Der englischen Name der Libelle bedeutet ins Deutsche übersetzt „Drachenfliege." Man glaubt, dass dieser Name aus alten Legenden stammt, in denen Libellen mit kleinen Drachen verglichen wurden. Ihr langgestreckter Körper und ihre schnellen, wendigen Flugbewegungen erinnerten die Menschen an Drachen, die in der Luft umherfliegen.

Lernwerkstatt Libellen
Insektenwissen für kleine Naturforscher – Bestell-Nr. 13 148
KOHL VERLAG

15. Libellen kreativ kennenlernen

Ausmalbild

KOHL VERLAG
Lernwerkstatt Libellen
Insektenwissen für kleine Naturforscher – Bestell-Nr. 13 148

15. Libellen kreativ kennenlernen

Male fertig!

Aufgabe 1: *Spiegle das Bild und zeichne fertig. Nutze die Karos und übertrage die linke Seite möglichst genau nach rechts. Anschließend darfst du das Bild mit Holzfarben ausmalen.*

EA

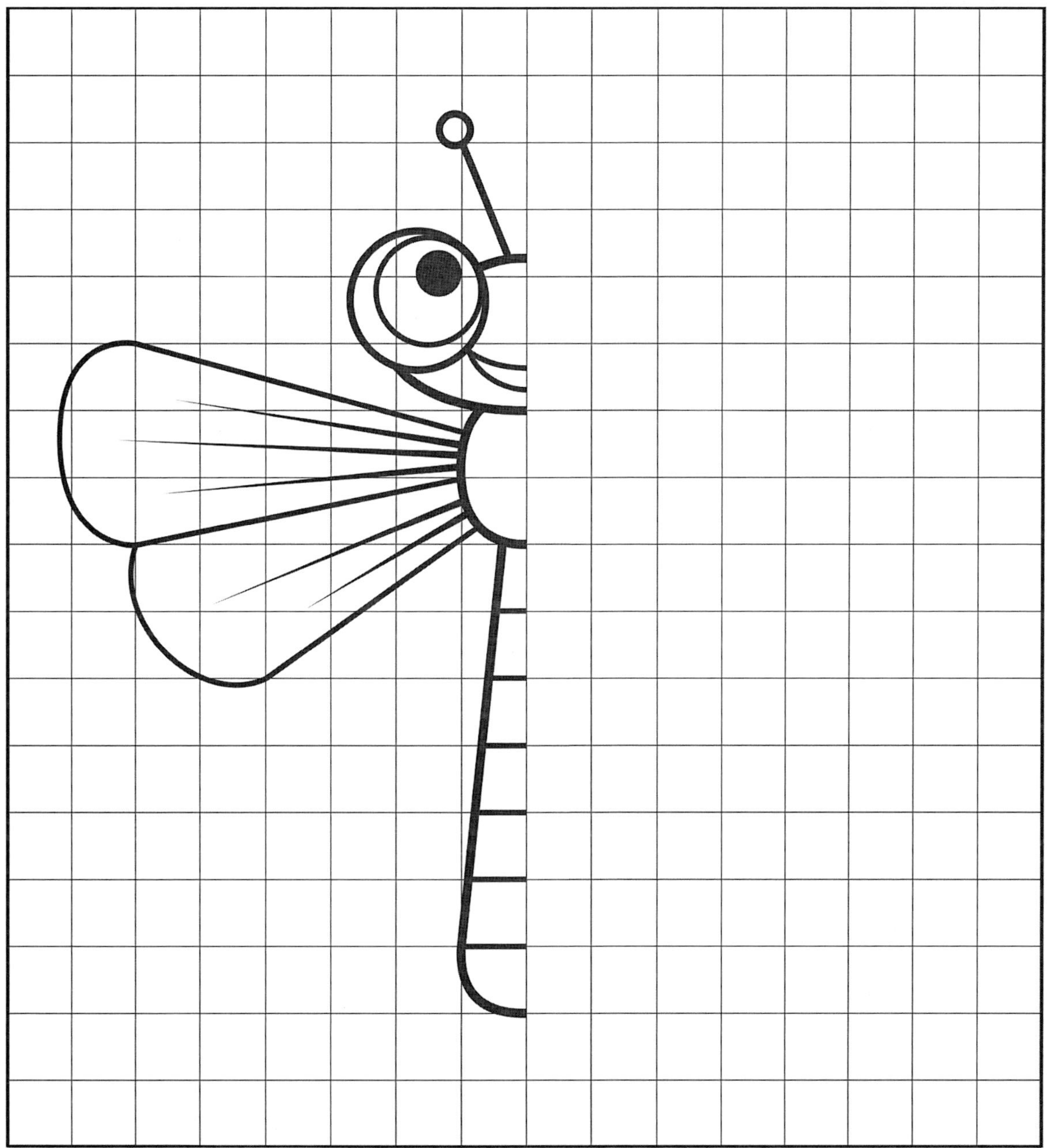

Lernwerkstatt Libellen
Insektenwissen für kleine Naturforscher – Bestell-Nr. 13 148
KOHL VERLAG

15. Libellen kreativ kennenlernen

Konzentration & Entspannung

Aufgabe 2:

Hier ist Konzentration gefragt ...

Wie viele Libellen fliegen jeweils nach links und rechts? Zähle genau.

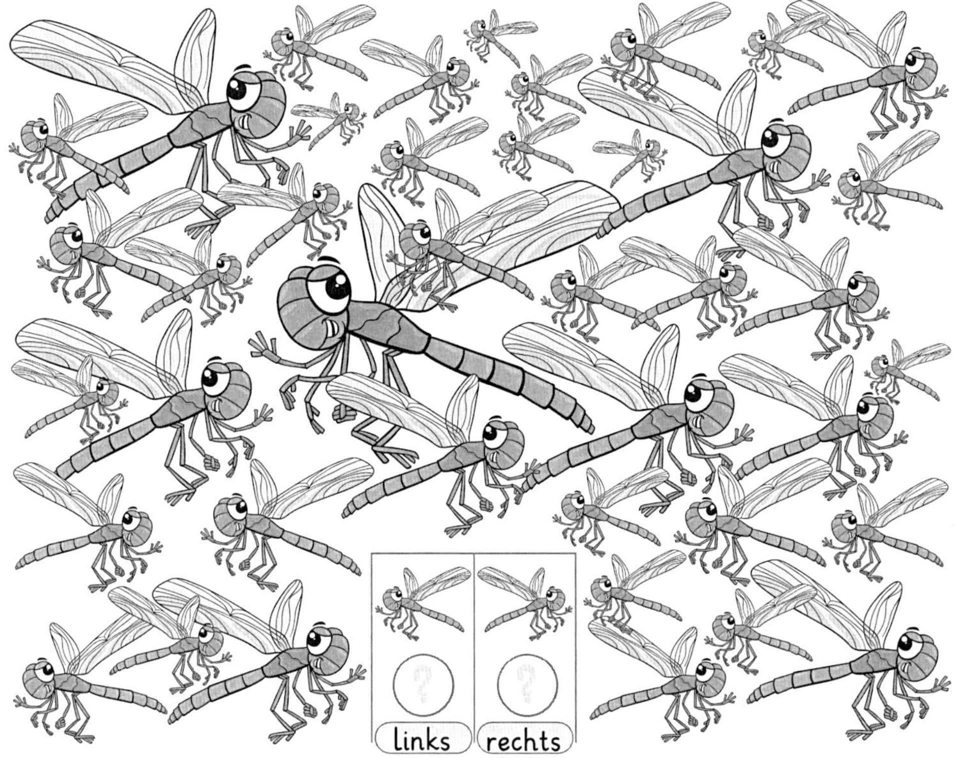

Aufgabe 3:

*Du hast sehr viel über Libellen gelernt. Nun ist Zeit für etwas **Entspannung**. Male das Mandala mit deinen Lieblingsfarben aus.*

Lösungen

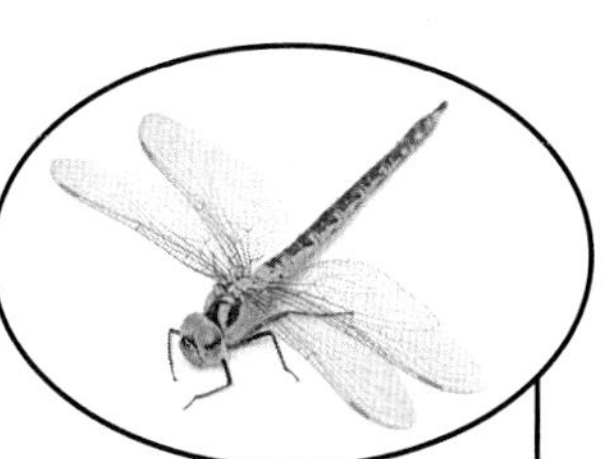

1. Älter als die Dinos

Aufgabe 1: Ein Bernstein-Einschluss ist ein ganz besonderes Fossil. Bernstein ist ein harter, gelber Stein, der aus **Baumharz** entstanden ist. Vor langer Zeit floss das Harz eines Baumes über kleine Tiere oder **Pflanzenteile** und schloss sie ein. Mit der Zeit wurde das Harz **hart** und verwandelte sich in Bernstein. Die Tiere oder Pflanzen, die darin gefangen waren, sind oft sehr gut **erhalten**. Wenn Forscher so einen Bernstein finden, können sie genau sehen, wie das Tier oder die Pflanze vor Millionen von Jahren **aussah**.

Aufgabe 2: **Fossilien** sind **Überreste** oder Abdrücke von Pflanzen und **Tieren**, die vor vielen Millionen Jahren gelebt haben. Diese Überreste wurden im Boden oder in Gestein **eingeschlossen** und sind dadurch über eine sehr lange Zeit erhalten geblieben. Zum Beispiel können Knochen von **Dinosauriern** oder Abdrücke von Blättern in Stein zu Fossilien werden. **Forscher** finden diese Fossilien und lernen so viel über das Leben, das es früher auf der Erde gab.

Aufgabe 3: Um das Alter eines Fossils oder Bernstein-Einschlusses zu bestimmen, schauen Forscher, in welcher Erdschicht sie es gefunden haben. Je tiefer ein Fossil in der Erde liegt, desto älter ist es. Auch das Alter des Bernsteins kann untersucht werden. So erfahren wir, wie lange es her ist, dass das eingeschlossene Tier oder die Pflanze gelebt hat.

Aufgabe 4: Die **Atmosphäre** vor 300 Millionen Jahren hatte mehr **Sauerstoff** und weniger Kohlendioxid als heute. Der Sauerstoffgehalt lag bei etwa 30–35 %, während er heute bei etwa **21 %** liegt. Dieser hohe Sauerstoffgehalt ermöglichte das **Wachstum** von sehr großen Insekten und anderen Tieren, weil mehr Sauerstoff zur Verfügung stand, um ihre großen Körper zu versorgen.

Übrigens: Wusstest du, dass vor 300 Millionen Jahren ein Tag kürzer war als heute? Ein Tag dauerte damals etwa 22 Stunden, während er heute 24 Stunden dauert. Das liegt daran, dass sich die Erde stetig **verlangsamt**. Durch die Gezeitenkräfte des **Mondes** wird die Erdrotation über Millionen von Jahren hinweg allmählich gebremst. Daher werden die Tage mit der Zeit länger.

2. Libellen in der Natur beobachten – Exkursion

Aufgabe: Bei richtiger Lösung ergibt sich der wissenschaftliche Name ANAX.

3. Zeichne die Libelle fertig

Aufgabe: Individuelle Lösung. Diese Aufgabe soll dazu dienen, einen ersten Eindruck der Tiere zu gewinnen und ggf. Scheu oder Vorurteile von vornherein abzubauen.

KOHL VERLAG Lernwerkstatt Libellen
Insektenwissen für kleine Naturforscher – Bestell-Nr. 13 148

Lösungen

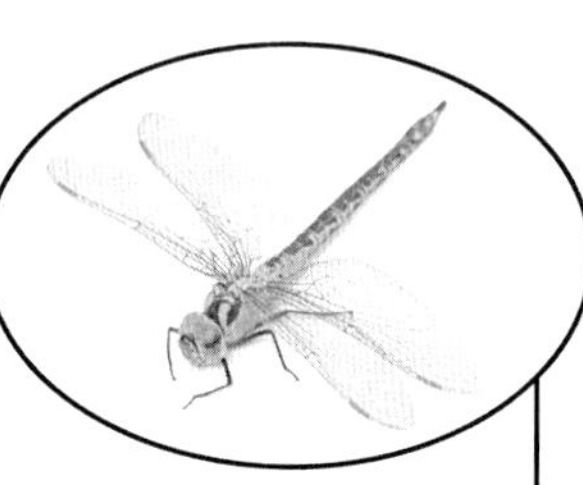

4. … ein bisschen Systematik

Aufgabe: Bei richtiger Lösung ergibt sich der deutsche Name **ZWERGLIBELLE**.

5. Ein besonderes Insekt

Aufgabe 1: Bei allen Tieren sind sechs Beine und eine Untergliederung des Körpers in drei Teile sichtbar, mit Ausnahme der Spinne. Alle Spinnen(tiere) haben mehr als sechs Beine. Außderdem sind bei Spinnen das Kopf- und Brustteil zu einer Einheit verwachsen, sodass lediglich zwei Segmente sichtbar sind. Spinnen sind also eine eigene Klasse und gehören nicht zu den Insekten.

Aufgabe 2:

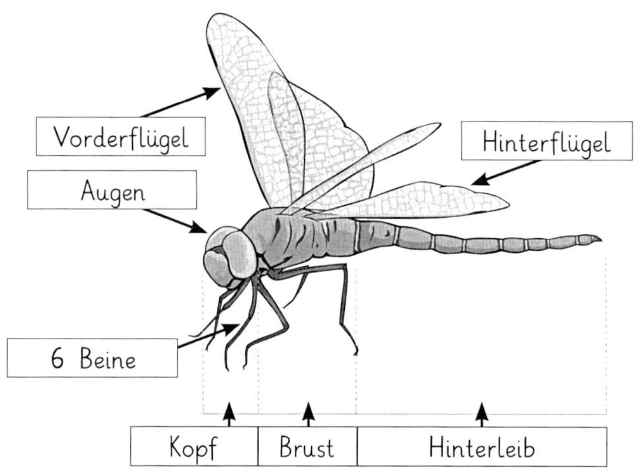

6. Königin der Lüfte

Individuelle Lösungen

7. Das Libellenauge – voll der Durchblick

Aufgabe 1: Libellen haben zwei große Augen, die aus vielen kleinen Einzelaugen bestehen. (Richtig)
Die kleinen Punktaugen auf der Stirn der Libellen helfen ihnen, besser zu hören. (Falsch)

Aufgabe 2: Für Libellen ist es nützlich, so viele Augen zu haben, weil sie dadurch ihre Umgebung sehr gut sehen können. Das hilft ihnen, schnell auf Beute zu reagieren oder Feinde zu erkennen, ohne den Kopf viel bewegen zu müssen. Die vielen Augen ermöglichen es den Libellen, auch schnelle Bewegungen zu sehen, was sie zu sehr guten Jägern macht.

Lösungen

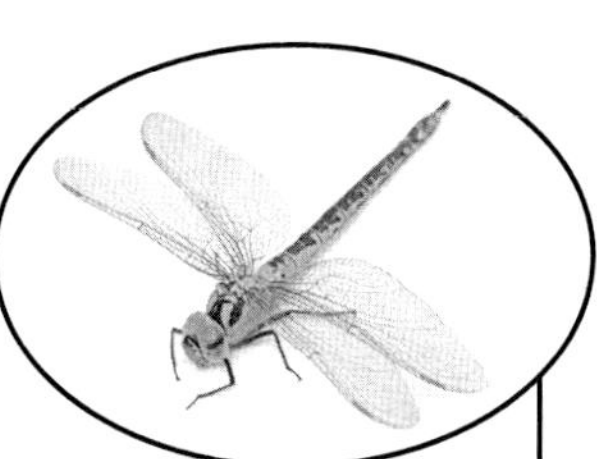

8. „Teufelsnadel", „Augenbohrer" & „Pferdetod"

Aufgabe 1: individuelle Lösungen

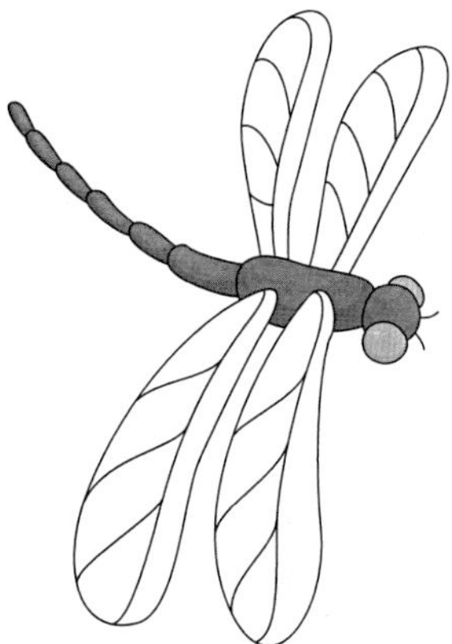

Aufgabe 2: Man kann sich vollständig sicher sein, dass Libellen nicht stechen keinen, weil sie keinen Stachel haben. Weibliche Libellen haben einen Legebohrer, der von Laien gerne mal mit einem Stachel verwechselt wird. Libellen sind für uns Menschen völlig ungefährlich.

9. Lebensräume der Libellen

Aufgabe 1: Die Larven von Libellen leben an Land. (Falsch)
Weibliche Libellen bleiben immer in der Nähe von Gewässern. (Falsch)
Die Blaugrüne Mosaikjungfer kann auch weiter weg vom Wasser fliegen. (Richtig)

Aufgabe 2: Die neun Fehler sind eingekreist:

KOHL VERLAG

Lösungen

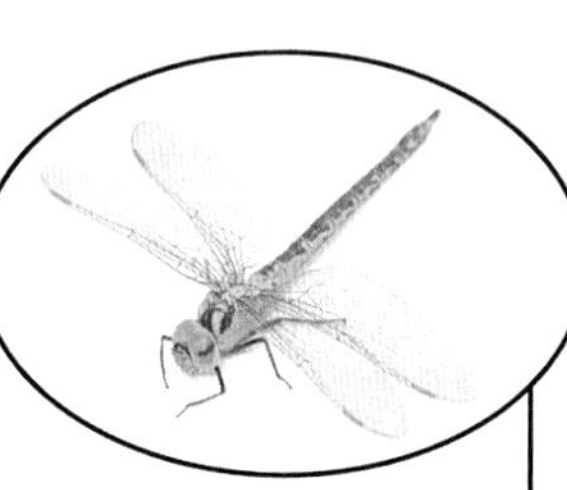

9. Lebensräume der Libellen

Aufgabe 3: Prachtlibellen => Flüsse und Bäche
Große Pechlibelle => Teiche und Seen
Blaugrüne Mosaikjungfer => Teiche und Seen
Flussjungfern => Flüsse und Bäche

Aufgabe 4: Libellenlarven leben oft in **Teichen** oder Seen, wo sie zwischen **Wasserpflanzen** Schutz finden. In Flüssen und **Bächen** leben Libellen wie die Prachtlibellen. An Seen und Teichen findet man oft die **Blaugrüne** Mosaikjungfer.

Aufgabe 5: Moore sind ganz besondere **Lebensräume**, in denen das Wasser fast das ganze Jahr über im Boden steht. Sie entstehen in Gebieten, wo das Wasser nicht gut abfließen kann. Wenn Pflanzen in diesen Gebieten absterben, können sie wegen des vielen **Wasser** nicht vollständig verrotten. Mit der Zeit sammelt sich immer mehr abgestorbenes Pflanzenmaterial an, das man **Torf** nennt.

Es dauert viele tausend Jahre, bis ein Moor entsteht. Daher sind Moore sehr wertvoll und stehen unter **Naturschutz**. In Mooren leben besondere Pflanzen und Tiere, die sich an das nasse und saure Umfeld angepasst haben. Wenn wir Moore schützen, bewahren wir auch einen wichtigen Lebensraum für viele **Tiere**.

Aufgabe 6: Die Kinder sollten darüber sprechen, warum Moore wichtig sind (z. B. als Lebensraum für bestimmte Libellenarten) und was man tun kann, um sie zu schützen (z. B. indem man Moore nicht austrocknet oder zerstört). Ziel ist die Sensibilisierung für schützenswerte Lebensräume und Ökosysteme.

10. Lebensweise der Libellen

Aufgabe 1: Libellen sind **Räuber**, die ihre Beute im Flug fangen. Ihre Beine sind zu einem **Fangapparat** umgestaltet, mit dem sie andere **Insekten** ergreifen. Einige Libellenarten jagen besonders in der **Dämmerung**. Um ihre Muskulatur aufzuwärmen, setzen sie sich in die **Sonne**. Zu ihren Feinden gehören **Frösche**, Vögel und sogar andere Libellen.

Aufgabe 2: Libellen jagen nur über dem Wasser. (Falsch)
Libellen nutzen ihre Beine, um ihre Beute zu fangen. (Richtig)
Die Grüne Mosaikjungfer ist besonders tagsüber aktiv. (Falsch)
Libellen setzen sich in die Sonne, um ihre Muskulatur aufzuwärmen. (Richtig)

Lösungen

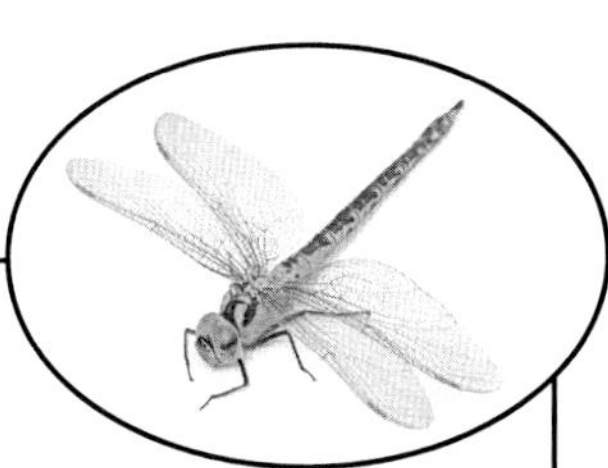

11. Fortpflanzung und Entwicklung der Libellen

Aufgabe 1:

- Bei der Fortpflanzung der Libellen entsteht zuerst die sogenannte Tandemstellung, wenn das Männchen das Weibchen mit seinen Hinterleibsanhängen ergreift.
- Das Männchen überträgt seinen Samen in einen speziellen Behälter an seinem Körper.
- Wenn sich das Weibchen nach vorne biegt, entsteht das Paarungsrad, das typisch für Libellen ist.
- Manche Libellen legen ihre Eier an Wasserpflanzen ab, während andere sie direkt ins Wasser werfen.

Aufgabe 2:

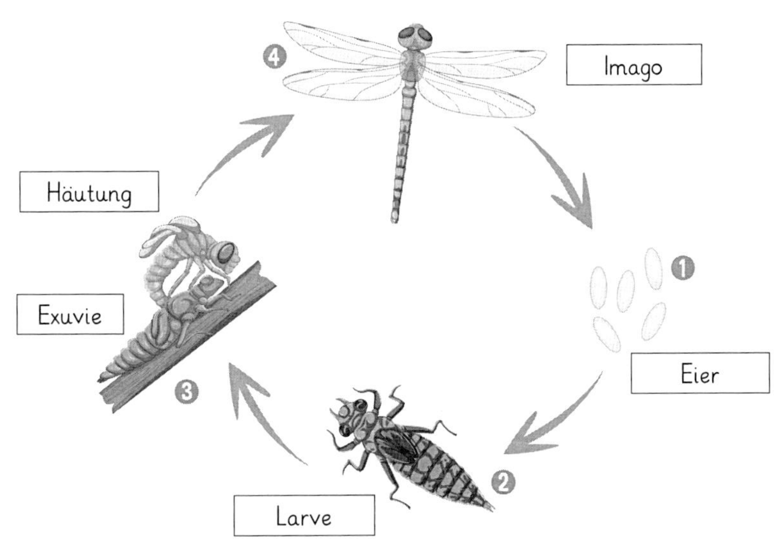

12. Großlibellen und Kleinlibellen

Aufgabe 1: Großlibellen sind meist **größer** und **kräftiger** als Kleinlibellen. Die Augen der Großlibellen sind sehr **groß** und berühren sich oft **oben** auf dem Kopf. Wenn Kleinlibellen sitzen, legen sie ihre **Flügel** über dem **Rücken** zusammen. Die Flügel der Kleinlibellen sind **gleich** geformt und **schmaler** als die der Großlibellen.

Aufgabe 2:

	Großlibellen	Kleinlibellen
Größer und kräftiger gebaut	X	
Flügelpaare sind gleich geformt		X
Augen berühren sich oft oben auf dem Kopf	X	
Flügel werden beim Sitzen zusammengelegt		X

Lernwerkstatt Libellen
Insektenwissen für kleine Naturforscher – Bestell-Nr. 13 148
KOHL VERLAG

Lösungen

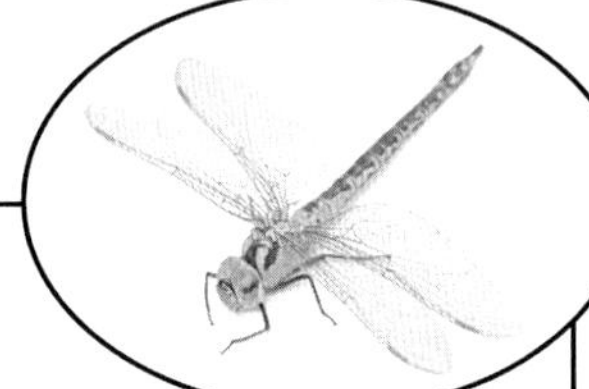

13. Libellen sind stark bedroht

Individuelle Gestaltung

14. Rätselhafte Libellen ...

Aufgabe: Das Lösungswort lautet: DRAGONFLY

		e)							o)					
		T			m)				K					
		E			N				Ö		j)			
	l)	I	N	S	E	K	T	E	N		F			
		C			T				I		L			
		H			Z			k)	G	R	Ü	N		
						n)			S		G			
				p)	F	O	S	S	I	L	I	E	N	
						T			I		L			
						A			B					
		i)	T	R	A	C	H	E	E	N	f)			c)
						H			L		F			T
h)	E	X	U	V	I	E			L		A			A
						L	g)	B	E	I	N	E		N
											G			D
								a)	N	Y	M	P	H	E
											A			M
							d)	W	A	S	S	E	R	
											K			
							b)	A	U	G	E	N		

15. Libellen kreativ kennenlernen

Aufgabe 1: individuelle Gestaltung

Aufgabe 2: links: 21 Libellen, rechts: 20 Libellen

Aufgabe 3: individuelle Gestaltung

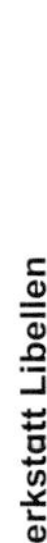